刑法[illegible]

周冶平著

三民書局印行

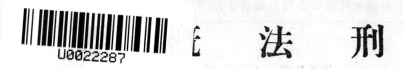

國立中央圖書館出版品預行編目資料

刑法概要／周治平著. -- 十八版. --
臺北市：三民，民85
面；　公分
ISBN 957-14-0153-6（平裝）

1.刑法

585

國際網路位址　http://sanmin.com.tw

© 刑法概要

著作人　周治平
發行人　劉振强
著作財產權人　三民書局股份有限公司
發行所　三民書局股份有限公司
地址／臺北市復興北路三八六號
電話／五〇〇六六〇〇
郵撥／〇〇〇九九九八——五號
印刷所　三民書局股份有限公司
門市部　復北店／臺北市復興北路三八六號
重南店／臺北市重慶南路一段六十一號
初版　中華民國五十二年九月
十八版　中華民國八十五年八月
編號　S 58193
基本定價　肆元貳角
行政院新聞局登記證局版臺業字第〇二〇〇號
著作權執照臺內著字第一三一六號

ISBN 957-14-0153-6（平裝）

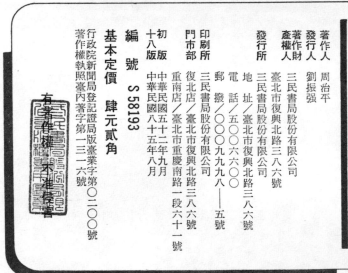

序

法律爲社會生活之規範，與吾人之日常生活，息息相關，是以法律知識應爲吾人生活常識之一部分，所不待言。惟是法律本身限於體例及事實上之困難，其涵義未免抽象隱晦，一般較難理解，從而「由之」而「不知之」；或以意度之，每至不能充分保全合法之權益。甚且誤蹈法網，陷身囹圄，而不自知其非。影響所及，社會秩序爲之敗壞，危險寧有甚於此者。揆厥原因，即在於法律知識未能普及也。

法律現象爲社會文化之一徵表，必然有其時間、空間之背景，以時代思潮爲其主宰，而與政治、經濟、社會之需求相配合，夫然後始足以合理的規範社會生活，導之入於富强康樂之境。欲使人人能解此社會生活規範之眞義，則深入淺出之法律著作，實有必要。本書承三民書局之囑，就刑法作概要之闡明，求其易解，以利普及。

本書適於自修及供大學參考之用。限於篇幅，理論之探討，止於必要限度。酌採新學說，而仍以闡揚我刑法之精神爲主；敍述力求平易、簡明，期人人可解也。

內子吳承蘭女士協助整理資料；臺灣大學王悅容、陸曉明兩同學幫助校對，併此致謝。

周冶平謹識　五十二年八月十五日　臺北寄廬

刑法概要目次

緒論
第一章　刑法之概念……一
第一　刑法之意義與分類……一
第二　刑法之性質……三
第三　刑法之機能……四
第二章　刑法理論……五
第一　刑法學派……五
第二　刑法之基本理論……八
第三章　罪刑法定主義……一〇
第四章　刑法之效力……一三
第一　關於時之效力……一三
第二　關於地之效力……一六
第三　關於人之效力……一八
第四　關於其他之效力……一九
第五章　刑法之解釋……二〇
總論

第一章　犯罪之概念……二四
第一　犯罪之意義……二四
第二　犯罪之主體與客體……二五
第三　犯罪構成要件……二八
第四　犯罪之分類……二九
第二章　犯罪行爲……三三
第一　行爲之概念及特性……三三
第二　行爲之階段……三四
第三　行爲之分類……三五
第四　行爲之時與地……三七
第三章　犯罪之客觀要件……三八
第一　構成要件合致性……三八
一　構成要件與構成要件合致性……三八
二　實行行爲……四〇
三　因果關係……四一
四　未遂犯……四六
第二　違法性……五一
一　違法性之概念……五一
二　阻却違法事由……五三

第四章 犯罪之主觀要件……五九
第一 責任之意義及其本質……五九
第二 責任能力……六一
第三 責任條件……六三
第四 結果責任……七〇
第五 阻却責任事由……七一
第五章 共犯……七四
第一 共犯概念及其理論……七四
第二 共犯之分類……七七
一 共同正犯……七九
二 教唆犯……八〇
三 從犯……八二
四 間接正犯……八五
第三 共犯與身分……八六
第四 共犯之責任……八七
第六章 刑罰之基本概念……九〇
第七章 刑罰之種類……九二
第一 生命刑……九二
第二 自由刑……九三

一　無期徒刑……九三
二　有期徒刑……九四
三　拘役……九四
第三　財產刑……九五
一　罰金……九五
二　沒收……九六
第四　資格刑……九八
第八章　刑罰之適用與酌科……九九
第一　刑罰之適用……九九
第二　刑罰之酌科……一〇一
第三　刑罰之重輕……一〇三
第九章　刑罰之加重與減免……一〇三
第一　刑罰之加重與減輕……一〇三
第二　自首……一〇五
第三　刑罰之免除……一〇六
第四　刑罰之加減例……一〇七
第十章　刑之易科……一一〇
第十一章　數罪與併罰……一一一
第一　數罪論……一一一

第二 數罪併罰……一一三
第三 處斷上一罪……一一六
一 想像競合犯……一一六
二 牽連犯……一一七
三 連續犯……一一九
第十二章 刑罰之執行……一二〇
第一 刑罰之執行……一二〇
第二 刑期之起算與羈押之折抵……一二一
第三 緩刑……一二三
第四 假釋……一二五
第五 累犯……一二六
第十三章 刑罰之消滅……一二八
第十四章 保安處分……一三三
第一 保安處分之概念……一三三
第二 保安處分之種類……一三三
第三 保安處分之宣告執行與消滅……一三七
各論
第一章 內亂罪……一三九
第二章 外患罪……一四〇

第三章　妨害國交罪……一四三
第四章　瀆職罪……一四七
第五章　妨害公務罪……一五三
第六章　妨害投票罪……一五八
第七章　妨害秩序罪……一六〇
第八章　脫逃罪……一六五
第九章　藏匿人犯及湮滅證據罪……一六七
第十章　僞證及誣告罪……一六八
第十一章　公共危險罪……一七〇
第十二章　僞造貨幣罪……一七九
第十三章　僞造有價證券罪……一八三
第十四章　僞造度量衡罪……一八四
第十五章　僞造文書印文罪……一八五
第十六章　妨害風化罪……一八八
第十七章　妨害婚姻及家庭罪……一九四
第十八章　褻瀆祀典及侵害墳墓屍體罪……一九八
第十九章　妨害農工商罪……二〇〇

第二十章　鴉片罪……二〇三
第二十一章　賭博罪……二〇六
第二十二章　殺人罪……二〇八
第二十三章　傷害罪……二〇九
第二十四章　墮胎罪……二一二
第二十五章　遺棄罪……二一四
第二十六章　妨害自由罪……二一五
第二十七章　妨害名譽及信用罪……二一九
第二十八章　妨害秘密罪……二二二
第二十九章　竊盜罪……二二三
第三十章　搶奪強盜及海盜罪……二二五
第三十一章　侵占罪……二二九
第三十二章　詐欺背信及重利罪……二三〇
第三十三章　恐嚇及擄人勒贖罪……二三三
第三十四章　贓物罪……二三四
第三十五章　毀棄損壞罪……二三五

刑法概要

周治平著

緒論

第一章 刑法之概念

第一 刑法之意義與分類

刑法為規定犯罪與刑罰之法律。析言之，國家以法典規定構成犯罪之條件及其科刑之種類與範圍，以為論罪科刑之準據，而示社會以生活之規範。此為罪刑法定主義要求刑法成文化之當然結論。然自現代刑法理論及立法動向觀之，刑法在傳統犯罪及刑罰概念之外；尙重視犯罪之危險行為與保安處分，且將之納入於刑法體系之中，故現代意義之刑法，應為規定犯罪或犯罪危險行為之構成要件及對之賦以法律效果（刑罰或保安處分、保護處分）之法律規範之總體。蓋由保護個人轉而趨於防衞社會矣。規定構成犯罪與適用刑罰或保安處分之一般要件者，曰刑法總則；規定構成犯罪之特別要件，及對於特定犯罪，附以一定法律效果，即一定種類、範圍之刑罰制裁者，曰刑法分則。合總則與分則而爲一部普通刑法法典；至於特別刑法，則大都僅有犯罪特別要件之規定，而無一般要件之規定，然仍適用刑法總則之規定（十一）。

刑法得自各種角度觀察，而爲如下之分類：

一、形式刑法與實質刑法　此爲依法典形式而爲之分類。前者指法典之外形顯示其爲規定犯罪與刑罰關係之法規，如中華民國刑法（以下簡稱「本法」，民國二十四年一月一日公布，同年七月一日施行。）、陸海空軍刑法等是，通常稱爲刑法法典。後者則指不具備刑法之形式，而其內容則有關於犯罪與刑罰關係之規定之法規，如公司法、商標法、破產法、印花稅法等是。

二、廣義刑法與狹義刑法　此爲依制裁方法而爲之分類。前者指以剝奪或限制一般人之法益爲內容之法規而言，如就死刑、無期徒刑、有期徒刑、拘役、罰金、沒收、褫奪公權、罰鍰、沒入、拘留、羈押乃至懲戒罰等爲實體規定之法規，皆爲刑法。後者則專指就主刑（三三）與從刑（三四）爲實體規定之法規而言。通常稱刑法時，皆指狹義刑法而言，蓋廣義刑法有悖於罪刑法定主義之要求；且使刑法與其他法律之界限混淆不淸也。

三、普通刑法與特別刑法　此爲依適用範圍而爲之分類。前者謂在一國主權範圍內，具有一般支配力之刑法，如本法是。後者謂在一國主權範圍內，僅具有特別支配力之刑法，而不及於其他：其適用於特定人者，如陸海空軍刑法是；適用於特定地域者，如戡亂時期竊盜犯贓物犯保安處分條例，僅以臺灣及福建二省爲其施行區域；適用於特定時期者，如戡亂時期肅清烟毒條例；適用於特定事項者，如妨害兵役治罪條例是。蓋皆爲適應一定需要而制定者也，所以補充普通法之不足，故特別刑法應優先於普通刑法而適用，是爲原則。至於特別法所未規定者，自仍應適用普通法，所不待言。

四、實體刑法與程序刑法 此爲依法規作用而爲之分類。前者謂規定犯罪構成要件及刑罰之種類與範圍之法規，如本法是。後者謂規定實現刑罰權之方法、步驟及執行之法規，如刑事訴訟法及行刑法等是。然此等法規並非規定犯罪與刑罰關係之法規，雖爲刑事法之一種，固不得稱爲刑法也。

第二　刑法之性質

刑法之性質者，謂刑法在法律體系中所居之地位也，得分述如次：

一、刑法爲國內法　刑法爲規定國家對於人民具有刑罰權之原因與範圍之法規，乃施行於一國主權之下之法律，故爲國內法。

二、刑法爲公法　刑法規定國家與人民間之權力與服從關係，故爲公法。

三、刑法爲實體法　刑法以權力與服從關係之所在及其範圍爲內容，故爲實體法。

四、刑法爲强行法　刑法所命令或禁止者，人民有絕對服從之義務，故爲强行法。

五、刑法爲成文法　刑法須經立法程序、製成文書、而經一定公布手續，始能生效之法規，故爲成文法。此爲罪刑法定主義必然之結論。

六、刑法爲普通法　已如前述。

第三　刑法之機能

刑法之規定禁止或命令爲一定行爲，且對違反者予以刑罰之制裁，非徒予被害者或其關係人以滿足復讐心之保障；亦非用以嚇阻一般人不令犯罪，依現代刑事思想理解之，刑法之本質機能，有如次述：

一、保障機能　刑法明定論罪科刑之條件，以爲國家行使刑罰權之準據，藉以防止刑罰權之濫用，而資保障人權，此卽刑法保障個人自由之機能。此種機能不獨保障善良國民之自由；卽觸犯刑章之犯罪人，或受科刑裁判之受刑人，其論罪科刑固須以刑法之明文規定爲根據，卽其所執行之刑罰，亦必以科刑裁判所依法宣告者爲限也。

二、保護機能　刑法規定犯罪行爲之類型，而以刑罰否定其價值，斯則一面對生活利益具有選擇作用；一面卽保護其所認爲有價値之利益，此卽刑法保護法益之機能。

三、保全社會機能　刑法之目的在於保全社會秩序，使國民之社會生活臻於安定，故以刑罰爲手段，以制裁侵害國家、社會秩序之犯罪，此即刑法保全社會之機能。然基於社會連帶責任主義之思想，國家與個人既非處於對立地位；犯罪之形成又以社會因素爲多，故刑罰不復以應報爲目的，而應爲敎育犯罪者以培育其適應社會生活之能力，俾化莠爲良，不再犯罪，藉達防衞社會之目的。故保全社會機能，又稱爲敎育機能。

十八世紀以來以個人主義、自由主義爲基礎之法治國家，强調罪刑法定主義，以刑法控制國家裁判機關之流於擅斷，而保障個人之自由，故特別側重刑法保障機能之發揮。但二十世紀文化國家之任務，乃以團體主義爲思想基礎，因而刑法之任務不復爲消極的限制國家流於專擅；而應積極的增益社會之福祉。是以刑法一方面須爲國家、社會之生存秩序計，使保全社會機能發揮至最大限度；一方面爲個人自由計，使刑罰所剝奪之個人法益，止於最小限度，以求個人與社會之調和，此卽所謂「刑罰經濟」思想。故刑法之機能須協調發揮，始能達成刑法預防犯罪、防衞社會之任務，不容有所偏廢也。

第二章　刑法理論

第一　刑法學派

十九世紀後半期以來，刑法理論方面有二種根本不同之觀念相對立，學者且各抒己見，有此疆彼界之勢，形成刑法理論之爭，凡刑法學說上之論爭皆屬之。刑法之解釋論及立法論通常皆以刑法理論爲前提，而受其指導，故研究刑法學者，應就刑法之理論先有充分理解。刑法理論中最主要之學派有二：一爲古典學派，以十八世紀啓蒙哲學之基本思想個人主義與自由主義爲背景；十九世紀初期在德國觀念論哲學影響之下，獲有進一步之充實，而奠定其思想基礎。因其爲最先完成之刑法理論體系，故又稱爲「舊派」。二爲實證學派，以自然科學之實證主義爲基礎，對於犯罪之構成，自探索原因着手，而完成於社會學之政策性之發揚。此爲十九世紀後半期新興之刑法理論，故又稱爲「新派」。刑法理論之研究始於義大利，舊派思想始於倍加黎（Cesare Becaria 1738-1794）之提倡；新派思想源於朗布洛梭（Ceasare Lombroso 1836-1909）之探討，李士特(Franz V. Liszt 1851-1919）之充實。

舊派思想以爲刑罰之意義應求之於自身；新派則根據犯罪原因論而强調刑罰之社會機能，以刑罰爲犯罪之重要對策，但非唯一或最有效之對策，故主張以强有力之社會政策補充刑罰之不足。舊派基於現實主義之思想，强調行爲本身爲論罪科刑之對象，刑罰之重輕與行爲結果之大小成正比例；新派則主張行爲乃行爲者反社會性格之徵表，故可罰者非行爲，而爲行爲人，蓋重視行爲與行爲者之關聯性也。舊派以應報爲刑罰之本質；新派則以改善爲刑罰之本質，主張刑罰個別化。兩派立論之要旨，得歸納如次：

一、古典學派之主要理論：

甲、凡人達一定年齡、精神狀態正常者，皆有服從理性而行動之自由意思。

乙、犯罪既爲自由意思者之反乎理性要求之行爲，故應追究其道義責任。

丙、人有平等自由意思，而竟爲反乎理性要求之行爲，成立犯罪，故刑罰之重輕應以犯罪行爲之客觀結果大小爲賦科之標準，與行爲人之性格無關。

丁、刑罰之目的在於預防一般人犯罪。

戊、犯罪與刑罰之關係爲單純法律現象，刑罰爲對犯罪之應報，有罪必有罰。

二、實證學派之主要理論：

甲、人之意思爲其個人原因與社會原因所決定，受自然必至法則之支配，故人人無平等之自由意思。

乙、犯罪者亦爲社會之一成員，爲防衞社會計，對其侵害社會秩序之行爲，應負刑事責任。

丙、犯罪雖同，其原因未必相同；犯罪不同，而其原因或竟相同，故責任之重輕，應以行爲者之反社會性格之大小爲判斷標準，不應以行爲之結果爲準。

丁、犯罪多由社會原因所促成，爲消弭犯罪計，應從改良社會政策入手。其由個人原因而至犯罪者，刑法亦宜適應其各個因素，發揮特別預防之機能。

戊、刑罰爲保全社會方法，對犯罪有重要作用，但非預防犯罪之唯一方法或最有力之方法。刑罰之目的在於針對犯罪原因，予以適當之矯正、教育；而非對犯罪行爲之應報。

此兩派理論之對立，或有以客觀主義與主觀主義爲中心而硏討之者，則僅把握其對立諸點之一部，未足以槪全貌也。兩派之見解在理論上雖互相對立；而在立法上則非不能協調，宜注意焉。

第二　刑法之基本理論

刑法學派之爭，在刑法之基本理論方面，形成爲各種不同之主義，影響於刑法之解釋與立法至鉅。玆擧其重要者如次：

一、**應報刑主義與目的刑主義**　此爲如何理解刑罰本質之對立見解。前者以犯罪爲違反正義之行爲，對犯罪者科以刑罰，乃基於應報之原理，以惡報惡。刑罰卽以此報復之惡害爲目的，故又稱爲「絕對主義」。應報卽所以實現社會之正義；而正義之根據何在？或主張神意應報說，或主張道德應報說，或主張法律應報說，諸義雜陳。夫刑罰爲國家有意識之作爲，與物理學之反射作用不同；且以惡止惡，能否完成倫理上之正義，亦待商榷，故現代主張應報主義者，亦認刑罰於應報之外，尙有其他目的；刑質之本質與目的，應有區別，形成所謂「相對應報刑主義」。此相對說之實質已屬目的刑主義之一態樣矣。後者則以刑罰本身非目的，實爲達成目的之方法，故又稱「相對主義」。刑罰以預防犯罪、保全社會爲目的，又稱「保護刑主義」或「防衞社會主義」。刑罰爲使犯罪者化莠爲良、重作新民之改善教育方法，因而目的刑主義又醇化爲「教育刑主義」或「改善刑主義」。我監獄行刑法已採行之。

二、客觀主義與主觀主義　此爲如何理解刑罰評價對象之對立見解。前者以犯罪人在一定條件之下，均具有平等之自由意思，故重視外部行爲影響他人之事實，而以行爲及其結果之惡害爲刑法評價之對象，形成以行爲爲中心之思想。又稱「現實主義」、「事實主義」、「行爲主義「或「犯罪主義」。後者以犯罪行爲，乃行爲者反社會性格之徵表，故重視行爲人之內在因素，而以行爲者之人格爲刑法評價之對象，形成以行爲者爲中心之思想。又稱「犯罪人主義」、「人爲格主義」或「行爲者主義」。夫犯罪爲人類之行爲，乃行爲者之內部性格，與其外部行爲及行結果之複合體。客觀主義與主觀主義，在闡明犯罪之意義及評價上，實爲一體之兩面，相輔相成，未可偏廢，故現代刑事立法例中，多兼採之。

三、一般預防主義與特別預防主義　此爲如何理解刑罰機能之對立見解。前者以刑罰對於社會之作用爲重點，主張對犯人科刑乃所以嚇阻一般人趨於犯罪，因而刑罰必具有嚴酷性，故又稱「威嚇刑主義」。此爲刑罰固有之機能。此項機能或藉公開執行殘酷之刑罰以發揮之，又稱「威嚇說」；或以法律明定罪刑而宣告之，藉資抑止一般人之犯罪動機，又稱「心理强制說」，皆費爾巴哈（Anselm von Feuerbach 1775-1833）所强調者。後者則以刑罰對犯罪人之作用爲重點，主張刑罰乃所以預防犯罪者本身再行犯罪之手段，因而强調刑罰個別化。此說因其持論之重點不同，或以排害爲目的而主張「排害說」，或以嚇阻爲目的而主張「威嚇說」，或以改善爲目的而主張「改善說」，而以改善說爲妥適。

刑法之基本理論自不同之觀點加以分析，固可形成各類相互對立之主義；然此不過在某種需要下表現爲不同之形態而已，實際上則仍相關聯，所應注意者也。

第三章　罪刑法定主義

罪刑法定主義，謂國家以一定行爲爲犯罪，而對之科以一定之刑罰，應先以法律規定而宣告之，以爲論科之準據；否則不得以任何行爲爲犯罪而處罰之。簡言之，無法律卽無犯罪，亦無刑罰也。罪刑法定主義爲對罪刑擅斷主義之反動，自法國革命以來，始爲各國所普遍接受；然其思想實肇端於一二一五年英王公布之大憲章（Magna Chatra）第三十九條。此思想渡美而形成一七七四年費城之權利宣言第五條及一七七六年維琴尼亞之權利宣言第八條，嗣後規定於美國聯邦憲法修正第五條、第十四條第一節。在法國則成爲一七八九年革命人權宣言第八條，一八一〇年法國刑法第四條明示此原則，罪刑法定主義遂成爲刑法上之基本原則，而爲各國憲法及刑法所普遍接受。本法則於第一條規定之。

罪刑法定主義之思想基礎有二：第一爲國法思想之三權分立論，即以法律保障個人自由主義之思想。爲保障個人之自由，將國家之權限分由立法、司法、行政三個不同機關掌理之，司法機關之裁判須受立法機關所已制定之法律之限制，以免流於擅斷，而侵及個人之自由。此種思想之代表者爲洛克（Lock 1682-1704）、孟德斯鳩（Montesquieu 1689-1755）、布萊克司東(Blackstone 1723-1780) 及倍加黎等。第二爲刑事政策思想之心理強制說，乃費爾巴哈所主張，以爲人既有自由意思，即得以合理比較因實行犯罪之快感與隨犯罪俱來之刑罰苦痛，而抑制其犯罪之動機。實則此二種思想皆源於啓蒙哲學之自由主義思想，而以發揮刑法之保障機能爲目的者也，故演繹爲刑法上之四項重要原則，略述如次：

一、習慣不得爲刑法法源　法源謂可資認識法律規範之資料也。如依習慣爲論罪科刑之準據，實有悖於罪刑法定主義要求刑法爲成文法之主旨。

二、刑法效力不遡既往之原則　刑法之效力如得遡及其施行前之任何行爲，而使人人有不虞之罰，顯與罪刑法定主義保障人權之機能不符。

三、禁止類推解釋　類推解釋謂於法律無處罰正文之行爲，比附援引與行爲性質最相近似之條文論處之。刑法如可適用類推解釋，對於人權，實爲莫大之威脅。

四、否定絕對不定期刑之原則　罪刑法定主義要求絕對確定之法定刑，故排斥絕對不定期刑。

罪刑法定主義原爲基於天賦人權思想，限制政府濫用刑罰權，以確保個人之自由，故三權分立論中之自由主義僅重視個人之自由，而忽視社會之安全；心理强制說不但失諸誇大效果，且有誘致犯罪之反效果，均不妥適。此二種思想在十九世紀中葉以後，隨個人自由主義而暴露其弱點，其所形成之機械罪刑法定主義思想與社會基礎，在本質上已有重大之變革，而隨時代揚棄爲機動之罪刑法定主義。在思想上之演進，亦影響上述四項原則之內容。即：

一、習慣雖不得爲刑法之形式法源，然非不得爲其實質之內容，例如業務上行爲之是否正當（二二），遺棄罪之保護責任根據（二九四）等，皆得依習慣認定之。

二、刑法之效力在一定條件下，非絕對不得溯及既往，如本法第二條第一項規定之情形，苟不得溯及既往，轉不能達保障人權之目的也。

三、刑法非絕對不許適用類推解釋之原則，如無背於合理、合目的之法律解釋原理，俾得充分發揮刑法之機能，則自敎育刑主義之刑事政策立場而論，要非無適用類推解釋之餘地也。

四、不定期刑爲教育刑主義與刑罰個別化之當然要求，絕對不定期刑之實現，雖尙有待；而相對不定期刑爲刑法及少年法所採行，已爲今日不爭之事實。

蛻變後之罪刑法定主義在於調和個人與社會之利益，以發揮刑罰之保護與保全之機能爲重點；亦復慮及保障機能之實現，故爲各國所採行。

第四章 刑法之效力

刑法之效力者，謂刑法有效適用之範圍也。分述如次：

第一 關於時之效力

人民固有守法之義務，但必以法律存在爲前提。故法律之效力，始於施行，終於廢止。（本法公布於民國二十四年一月一日，同年七月一日起施行。）是則法律須於施行之後，始具有拘束力，對施行前之行爲，不得强人遵守也，此爲法律不溯既往之原則。本法第一條規定：「行爲之處罰，以行爲時之法律有明文規定者爲限。」即明示此原則也。然行爲時之舊法，已有處罰明文；而行爲後法律有變更，新法亦有處罰該行爲之規定時，惟新舊兩法對於同一犯罪之構成要件、刑罰之重輕、加減、免除、時效、告訴條件等規定有不同時，究應適用何時之法律，立法例頗有

紛歧，擧述如次

一、從舊主義　以爲犯罪行爲既完成於舊法時期，自應適用行爲時之舊法處斷，俾符罪刑法定主義之精神；且爲行爲人之權利。英國及美國數州採之。夫新法之頒行，所以矯正舊法之非社會性，如新法對於同一行爲之處罰較舊法爲輕，倘仍堅執從舊，則人權保障之謂何，故不足採。

二、從新主義　以爲新法所以補舊法之失，俾適應社會之需要，自應適用新法處斷，以符改進之旨；蓋法律非專爲犯罪人謀利益者也。然使舊法時期之輕微犯罪，在新法時期受不慮之罰，亦未足以言保障人權也。

三、從輕主義　關於比較輕重之對象與範圍，則又不一其說：或以行爲時法與裁判時法之刑罰爲比較之標準；或以犯罪與刑罰有關之條件等比較其利害，而不問新法或舊法者；或以行爲時法與裁判時法，比較孰與行爲人有利者，從較輕或有利於行爲人者處斷之。然新舊兩法對同一行爲之一切關係規定完全相同時，究應適用何法，則未有說明，故不能謂無遺憾。

四、折衷主義　以上三說，各有長短，故有折衷說，然因其重點不同，又分爲二：第一、從舊從輕主義，即新法以不溯既往爲原則；但其規定較舊法爲輕時，則例外承認其有溯及力。其失與從舊主義同。第二、從新從輕主義，即新法以有溯及效力爲原則；但舊法較輕時，則爲例外。

本法第二條第一項規定：「行爲後法律有變更者，適用裁判時之法律；但裁判前之法律有利於行爲人者，適用最有利於行爲人之法律。」即明示採從新從輕主義者也。惟所變更之「法律」以刑罰法律爲限；其他法律之變更而影響於犯罪事實者，乃屬事實之變更，不在此限也。至「行爲後」乃指犯罪之實行行爲已完成，至裁判確定時之期間而言，故行爲須完成於法律變更之前。「法律有變更」指法律之修正或廢止而言。「裁判時之法律」乃謂裁判確定前之法律也，包括第三審之裁判確定在內。「最有利於行爲人之法律」指行爲終了後至裁判確定前之有關法律，包括行爲時法、中間法、裁判時法等。

行爲開始於舊法時期，而完成於新法時期者，已爲新法效力之所及，自應適用新法，於從新從輕主義無涉也。依舊法科處之刑罰，其裁判已確定尚未執行，或執行尚未完畢，而法律有變更不處罰其行爲者，則其行爲已無反社會危險性，故免除其刑（二3）；然於刑之宣告無影響，且有時得爲累犯之前科。

保安處分以防衞社會爲目的，純爲公益而設，基於刑事政策之要求，自應適用裁判時之法律（二2）。

第二　關於地之效力

刑法效力所及之領域範圍如何，立法例互殊，得歸納爲五種，舉述如次：

一、屬地主義　凡在本國領域內犯罪者，不問其國籍如何，均應受本國刑法之制裁。然如本國人在外國，犯侵害本國或本國人法益之犯罪，或外國人在外國領域內，犯侵害本國法益之罪，均不能予以制裁，是其所短。

二、屬人主義　凡屬本國人，無論在國內國外犯罪，均應依本國刑法制裁之。惟外國人在本國領域內犯罪時，則無法予以論處；且各國風習不同，本國以爲犯罪者，他國或以爲正當行爲，反使我僑民不能隨鄉入俗，均其失也。

三、保護主義　凡有侵害本國或本國人民之法益者，不問其國籍如何，或是否在本國領域內犯之，均應適用本國刑法制裁之。然犯人在外國犯之，終不來本國領域內，又不能請求引渡時，則刑法即喪失其效力矣。

四、世界主義　凡有犯罪，不問是否在本國領域之內，或犯人之國籍如何，均可適用本國刑法制裁之。然各國之風習互殊，對犯罪之認定亦異，此國以爲犯罪，他國或以之爲正當行爲；且以本國刑法制裁外國人在本國領域外之犯罪，實際上既屬扞格難通，有時尤無必要，陳義未免過高也。

五、折衷主義

以屬地主義爲原則，而兼採其他主義之長以補充之。凡在本國領域內犯罪者，不問犯罪人與被害人之國籍如何，皆依本國刑法制裁之，卽屬地主義也。本國人在領域外犯較重大之罪者，亦適用本國刑法處罰之，則兼採屬人主義也。外國人在領域外對本國或本國人犯重大之罪者，亦適用本國刑法制裁之，卽兼採保護主義也。其妨害共同利益之犯罪，不問其犯罪地何在，犯人之國籍如何，亦適用本國刑法制裁之，卽兼採世界主義也。

本法採折衷主義：第三條及第四條採屬地主義；第七條採屬人主義；第五條第一款至第五款、第六條（兼採屬人主義）及第八條採保護主義；第五條第六款至第八款採世界主義。所應注意者，刑法上領域與地理上領域之範圍不同。刑法之領域則除領土、領海、領空之外，尙包括在領域外之國有船艦、航空機內及軍隊占領地、無主地、本國享有治外法權之區域、領事裁判權區域在內，卽學者所謂「想像上之領域」也。至於他國在本國領域內享有治外法權之區域及領事裁判權區域，則又爲刑法效力之所不及。

本法既採折衷主義，其效力有時亦能及於民國領域外之犯罪；然國家之權力，不能及於他國領域之內，如有人在本國領域內犯罪後，逃往他國；或在他國對本國犯罪，其情節重大者，應如何以刑法制裁之，自不可無補救之法，故有引渡犯人之制焉。卽依引渡條約之規定，由締約國將侵害他方法益人犯之在本國者，捕交他方受審判也。引渡人犯之條件與範圍，皆規定於引渡法或條約中，而非毫無限制者也。

第三　關於人之效力

本法於在中華民國領域內犯罪者適用之，故不問其國籍如何，均應受本法之支配，是爲原則；其在中華民國領域外之中華民國船艦或航空機內犯罪者，以在中華民國領域內犯罪論（三）。此項原則，因國內法及國際法上之關係，亦有例外，述之如次：

一、國內法上之例外

甲、總統在職期間內，除犯內亂罪或外患罪外，非經罷免或解職，不受刑事上之訴追（憲五二）。

乙、國民大會代表在會議時，立法委員、監察委員在院內，所爲之言論及表決，對外不負責任，即不得依刑法限制之。且在開會期中或在職期間，除現行犯外，非經國民大會或立法院、監察院之許可，不得逮捕、拘禁（憲三二、三三、七三、七四、一〇一、一〇二）。

丙、聯合國各組織在中國領土內設立之辦公處所，其辦公處所檔案文件，不得侵犯。聯合國職員在中國境內執行公務時，因執行公務而生之訴訟，應予豁免。來華出席聯合國所召開各項會議之各國代表，包括一切代表、副代表、顧問、專門委員及秘書在內，所享特權與豁免，應比照駐華外交官辦理（民國三十六年六月十日行政院公布聯合國各組織及人員在華應享受之特權及豁免辦法）。

二、國際法上之例外 外國元首、外國代表及此等人之家屬，隨從（須非本國人民），經承諾而入本國之外國軍隊、軍艦、軍用飛機，均得享有治外法權，不受本國刑法之支配。外國駐本國之領事，原爲外國商務代表及管理僑民之官員，在國際法上原不享有治外法權；惟近代國際習慣上則准許領事及其家屬、非本國人之隨從等享有之。

第四 關於其他之效力

刑法總則之效力，以適用於一切有刑罰規定之法令爲原則（十一），其範圍甚廣。蓋其他刑罰法規多無總則之規定；縱偶有之，亦略而不全，故仍許其適用本法總則，以資劃一。然如其他法令有特別規定者，自應從其規定（十一但）。惟刑法分則中，刑罰加減免除之原因及訴追條件等，其效力則不及於其他刑罰法令也。刑罰法令之有特別規定者，其情形有三：一爲有獨立總則者，如陸海空軍刑法是，但其總則所未規定者，仍應適用本法總則。二爲有排斥規定者，如票據法第一四二條排斥本法第五十六條之適用；戡亂時期貪污治罪條例排斥本法第七十七條之適用（貪十八）等是。然其未予排斥之部分，仍適用本法也。三爲立法旨趣與本法不相容者，如懲治叛亂條例第八條、懲治漢奸條例第八條等規定，皆與本法規定沒收之立法精神相齟齬，而應從其特別規定者也。

同一犯罪行爲雖經外國確定裁判，仍得依本法處斷（九），因其非基於本國刑罰權之發動，即非違背一事不再理之原則，故僅認外國裁判爲一種事實，而不承認其既判力。惟行爲人在外國已受刑之全部或一部之執行者，若使其受双重處罰，亦屬有失公允，故得斟酌情形免其全部或一部之執行（九但）。惟犯人受本國裁判時，並非須針對外國之執行刑，必爲全部或一部之免除也。本法第九條爲訓示規定，以示國家對之仍有刑罰權，非謂有必須裁處之義務。又所謂免其執行，亦不影響刑罰之宣告效力。

第五章　刑法之解釋

法律之解釋者，謂自所規定之文字，以探求其內容與範圍，藉資理解立法之主旨，而爲適用之準繩也。解釋法律之方法有種種：有據法文以理解法律之眞義者，爲「文理解釋」，此爲一切解釋之基礎。有依論理法則以探求立法之眞義者，爲「論理解釋」，所以補文理解釋之不足，亦為解釋法律之主要方法。依論理解釋而擴充成文之普通意義，以適應社會之規範需要者，為「擴張解釋」，例如本法第二十三條及第一七四條之「他人」，兼指自然人與法人者是；有時須限制成文之普通意義者，為「限制解釋」或「縮小解釋」，例如本法第二條一項及第十六條之法律，應以有關刑罰法律為限者是。有就立法淵源及其經過，以探求法律之真義者，為「沿革解釋」；有就法律之各部分與全部相對照，以理解某部分之真義者，為「系統解釋」，二者皆為輔佐之解釋方法。有就法無明文規定之事項，而比附援用類似之法文論處者，為「類推解釋」；有就已規定之事項，併適用於其觀念中所包括之他事項者，為「當然解釋」。有於制定法律時，特立條文以闡釋某一條文或用語，以免適用時發生疑義者，為「立法解釋」，其解釋之效力最強，因其由立法機關為之，又稱「有權解釋」。有由司法機關統一法律之解釋者，為「司法解釋」（憲七八）。最高法院判例亦有解釋法令之效力，併可稱為司法解釋。此外尚有學說解釋，則據學者研究法律之理論，以探求法律之真義也；究屬一家之言，故無拘束力。刑法之解釋亦與一般法律同。

本法第十條就刑法上之重要用語之必須解釋者，預為解釋，以杜疑義，即為立法解釋。茲析述如次：

一、稱以上、以下、以內者，俱連本數或本刑計算在內　「以上」為始期，為最低度；「以下」為終期，為最高度；「以內」與「以下」之義通。以數計者例如五百元以下之罰金，即其最多額爲五百元也。以刑計者，例如一年以上七年以下有期徒刑，卽其徒刑最低度爲一年、最高度爲七年也。然稱「未滿者」，則不包括本數在內，例如二月未滿，卽其期間最多爲五十九日也。

二、稱公務員者，謂依法令從事於公務之人員　「公務」指國家之公共事務而言，執行者是否爲職員，則與是否公務員無關，例如代辦郵政人員亦爲刑法上之公務員，故其範圍較公務員任用法等所稱之公務員爲廣。「法令」則指本國之法令而言，與公務員之國籍無關；是以本國人依外國法令而從事公務者，則非刑法上之公務員。至於擬制之公務員或退職之公務員，除刑法有特別規定（一二三、三一八）外，亦非刑法上之公務員也。其基於一定義務而執行一定之事務者，如服現役之士兵，則非公務員；然如別有法令根據者，不在此限，如服役之憲兵依法執行司法警察之職務時，仍爲公務員也。

三、稱公文書者，謂公務員職務上制作之文書　公文書之要件有二：第一須爲公務員所制作，制作兼指實質制作與形式制作而言，前者如公務員自以文字代表國家機關爲對外之意思表示；後者則利用既存文書而爲制作，如法院書記官將訴訟當事人之訴狀編入訴訟卷宗之行爲是。他如律師所制作之文書，雖亦時有公的性質；但律師非公務員，故不得謂爲公文書也。第二須公務員基於其職務上之權力而制作。至若公務員所作之私人函件或文章，或於其職權範圍外所作之文書，皆非公文書。

四、稱重傷者，謂下列傷害：一、毀敗一目或二目之視能。二、毀敗一耳或二耳之聽能。三、毀敗語能、味能或嗅能。四、毀敗一肢以上之機能。五、毀敗生殖之機能。六、其他於身體或健康有重大不治或難治之傷害　「傷害」謂對於人之身體或健康之侵害，在程度上原有輕重之分，故列舉重傷之情狀，以示與輕傷之區別。「機能」指各該器官所應具有之生理機能而言。「毀敗」即使各該器官之生理機能全部喪失，至是否變更該器官之原形體，在所不問；若僅一時失其效能，或僅使其機能減退，尚不能謂為重傷也。健康之傷害，包括精神狀態在內，如使人心神喪失者是。「重大不治」謂終身無法治療恢復之狀態；「難治」則謂一時無痊癒之望。至於是否達於重傷之程度，應由專家鑑定之。

總論

第一章　犯罪之概念

第一　犯罪之意義

犯罪爲與構成要件合致之違法、有責行爲。申言之，卽自然人於無違法阻却時，因故意或過失而爲刑罰法令上所列擧之不法行爲也。析義如次：

一、**犯罪須有行爲**　行爲乃自然人基於內部意思所支配之外部態度，兼指積極之動態與消極之靜態而言。至於單純之意思狀態、無意識之動作或受强制之態度等，皆不合於刑法規範之要求，不得謂爲犯罪行爲。

二、**犯罪行爲須有構成要件合致性**　卽具體之行爲須與刑法各本條所規定之犯罪構成要件相符合，始得推定其爲犯罪行爲。

三、**犯罪行爲須有違法性**　違法性卽特定行爲爲法律上所不容許之意。刑罰法令上所列擧之行爲皆爲不法行爲；然具有構成要件合致性之行爲，如有阻却違法事由時，仍非具有違法性，卽亦不得以之爲犯罪行爲，例如業務上之正當行爲或正當防衞行爲皆無違法性，自非犯罪行爲。

四、**犯罪行爲須有責任性**　違法行爲雖非法律所容許，然如不具有責性，仍不得對之加以刑事制裁，爲「無責任卽無刑罰」原則之當然結論。蓋行爲者須有責任能力，始得就其具有責任條件（故意、過失）之行爲負其責任也。

第二　犯罪之主體與客體

犯罪之主體，卽具有刑法上犯罪者之資格之人也。刑法旣以强制規範社會生活爲目的，而又以基於意思支配之行爲具有反社會之性質時，乃爲犯罪。惟人之意思與行爲得爲法律規範之對象；亦惟有對於人之行爲，始能表彰刑罰之效果，故刑法預定以人爲犯罪之主體。然法律上所謂人者，有自然人與法人之別，分述如次：

一、**自然人**　基於生理而產生之人，法律上承認其存在之人格者也。自然人之人格，始於初生，終於死亡（民六）。未生之前爲胎兒；已死之後爲屍體。人與胎兒及屍體之區別，至爲明顯。然在將生將死之間，與人相距極近，在刑法上之出入甚鉅，如殺未生者爲墮胎；殺已生者爲殺人；殺已死者爲毀壞屍體，故不可不嚴予區分。關於自然人何時出生，有陣痛說、一部產出說、全部產出說、生聲說、斷帶說及獨立呼吸說等，意見互殊，而以獨立呼吸說爲通說。故脫離母體而自營獨立呼吸者，卽爲自然人之開始。自然人具有責任能力與責任條件時，乃得爲犯罪之主體；然其被害能力，則自出生時卽有之。自然人死亡之時，亦有脈搏停止說與心臟鼓動停止說之爭，通說採後者。自然人死亡後雖無犯罪能力，但仍有被害能力，乃基於倫理、道德與宗敎觀念，而特予保護也（三一四七、二四九、三一二等參照）。但擬制之死亡（民八、九、十一）則非刑法上之所謂死亡，故宣告死亡而實未死亡者，仍得爲犯罪之主體也。

二、法人　非自然人，而基於法律之承認得爲權利義務之主體，視爲有人格之組織體也。法人有無爲犯罪主體之資格，爲學者所聚訟之問題：主擬制說者，謂法人之得爲權義之主體，乃法律之所擬制，故其存在之範圍，以合法行爲爲限，則法人旣不能爲違法行爲，卽無爲犯罪主體之資格。至於法人代理人之行爲違法，是代理人本身之行爲，非法人之行爲，故亦不能視法人有犯罪能力。主否認說者，則認爲法人根本無獨立人格之可言，自不能爲犯罪主體。主法人實在說者，則認爲法人有實體之存在，故有獨立之人格，因而以法人資格所爲之意思表示與行爲，不能認爲係組織法人之自然人之意思與行爲，此在民法上已爲當然之事實。法人在民法上旣有爲法律行爲及不法行爲之能力，在刑法上自亦應有犯罪能力，故得爲犯罪之主體。然人格與犯罪主體不同，犯罪能力爲刑法上問題，應依刑法之單獨理念決之，不能以民法上之理念類推適用於刑法範圍之中；且刑法中之生命刑、自由刑在性質上亦不適於制裁法人。本法以自然人爲犯罪主體，不認法人有犯罪能力，故無處罰法人之規定。惟各國行政刑法爲貫徹行政目的，多有對法人課以刑事責任者，其處罰之方式，初採「轉嫁罰」規定，又稱「代罰規定」，卽處罰代理法人之自然人；現代則多採「兩罰規定」，卽除罰行爲者之自然人外，並處法人以罰金，例如我破產法第三條、舊礦業法第一一七條等是。

犯罪客體乃犯罪行爲所直接侵害之對象也。然何者爲犯罪之客體，學說有二，玆分述之：

一、法益說 法益者，謂法律所保護之利益或價值也，而不必限於權利。犯罪行爲所直接侵害之對象，卽爲法益，例如殺人罪所直接侵害者爲個人之生命法益，故法益實爲犯罪之客體。自法益之性質言，可分爲公法益與私法益，前者如屬於國家或社會之法益；後者如屬於個人之法益。自法益之主體言，又可分爲三種：一爲國家法益，如國本、邦交、政務、司法等是。二爲社會法益，如公共安全、交易信用等是。三爲個人法益，如生命、身體、自由、名譽、財產、貞操、信仰等是。

二、被害人說 因他人犯罪而受有損害之人也，如國家、社會或特定之個人是。且有直接被害與間接被害之分，如殺人罪之直接被害人爲個人，而社會、國家則爲間接被害人；公共危險罪之直接被害人爲社會，間接被害人則爲個人與國家等是。一般所謂之被害人，均指直接被害人而言。

以上二說，觀念各殊，不可混同。蓋犯罪行爲必有其所直接攻擊之對象，此對象卽法律所保護之客體，即法益是也。刑法列舉不法攻擊法益之行爲爲犯罪構成要件，故爲犯罪之客體。至於被害人不過爲法益所歸屬之主體而已，而非法定犯罪構成要件之行爲對象。犯罪不必有特定之被害人，但不能無特定之法益，如散布、販賣猥褻之文字、圖畫，雖無人買受，仍然成立犯罪者，因其侵害社會之善良風俗也。又如妨害飲料衞生之犯罪，其客體爲公共衞生有被侵害之虞，雖無特定之被害人，亦無碍其成立犯罪也。是以犯罪客體以法益說爲是。至於被害人除在刑法上以其承諾爲阻却違法事由之外；僅在刑事訴訟法上有告訴權而已。故法人與自然人皆得依其性質爲犯罪之被害人，但非犯罪之客體。

第三　犯罪構成要件

犯罪構成要件，即一定行爲在法律上成立犯罪所必要之條件也。在規範之形式上，得區分如次：

一、一般要件　即一切犯罪皆應具備之共通要件也。依其性質又得分爲：

甲、客觀要件　又可分爲：

1構成要件合致性　謂行爲所誘發之具體事實與法律上構成要件相符合之性質。自犯罪行爲之結果言，可稱爲「行爲之侵害性」；自行爲可能性言，可稱爲「行爲之危險性」。

2行爲之違法性　謂行爲違反公秩良俗，亦卽違反規範國家共同生活之法規目的，侵害法益，而爲刑罰法令所不容許者也。

乙、主觀要件　行爲所徵表之反社會性，應受社會之非難、刑法之排斥，故行爲人應對之負責。此行爲人之有責性，以行爲人之反社會性爲本質。犯罪之主觀要件有二：

1責任能力　謂人基於一定行爲，而有負擔刑事責任之資格。

2責任條件　謂行爲人所具之可罰意思狀態，卽故意與過失是也。

二、特別要件　卽特定犯罪所應具備之個別要件也，皆於刑法分則或特別刑法中規定之。特定行爲須具備一般要件與特別要件，始能成立犯罪，二者缺一不可。一般要件規定於刑法總則之中；特別要件則規定於分則之中，二者實爲有機之結合。

第四　犯罪之分類

犯罪得自各種角度而爲分類，玆擧其重要者分述如次：

一、作爲犯與不作爲犯　此爲依行爲態度而爲之分類：前者謂以人身之積極動作爲原因，誘發外界之一定影響，構成犯罪也，如殺人罪、放火罪等是。積極行爲乃違背刑法上之禁止規定，以其不當作爲而作爲，故予以刑罰之制裁。後者在引起外界一定影響之原因進行時，有阻止義務者不爲阻止之態度，致構成犯罪者也，如無自救力之人行將餓死，對之有扶養、保護義務之人，不履行其義務者是。此種消極行爲乃違反刑法中之命令規定，以其當爲而不爲，故刑法處罰之。其以不作爲爲犯罪構成要件者，爲「純粹不作爲犯」，如第一四九條之不解散罪等是；其以消極不作爲而實現以積極作爲爲構成要件之犯罪者，爲「不純粹不作爲犯」，如乳母以殺嬰之意思，故不哺乳，而將嬰兒餓死，亦應依第二七一條論科者是。

二、形式犯與實質犯　此爲依犯罪行爲與結果關係而爲之分類：前者以實行與構成要件合致之一定行爲爲既遂；而不以對一定法益有侵害危險之結果爲必要，又稱「舉動犯」或「行爲犯」，例如僞證罪等是。後者則以發生一定結果爲犯罪之構成要件，因其以發生特定之結果爲既遂，故又稱「結果犯」，例如殺人罪之以發生特定人死亡結果爲既遂等是。

三、危險犯與侵害犯　此爲依實質犯侵害法益程度而爲之分類：前者乃因實現犯罪構成要件之行爲，致法益有受侵害之危險性而成立之犯罪；但不以法益受有現實之侵害爲必要，如誹謗罪等是：其以須發生具體危險爲構成要件之犯罪者，爲「具體危險犯」，如第一七四條二項之放火罪、第一七七條之漏逸氣體罪等是；其以行爲本身具有侵害法益之危險性爲已足，而不以有具體侵害法益之危險爲必要之犯罪者，爲「抽象危險犯」，如第一七三條之放火罪等是。後者則爲以法益受現實侵害爲構成要件內容之犯罪，又稱「實害犯」，如殺人、强盜等罪是。

四、卽時犯、繼續犯與狀態犯　卽時犯謂行爲實現構成要件之同時，犯罪卽爲既遂，又稱「卽成犯」，如殺人、放火、侮辱等罪是。普通犯罪多屬之。繼續犯謂以一定行爲繼續至相當期間爲構成要件之犯罪，如第三〇二條之妨害自由罪等是。狀態犯謂犯罪達於既遂之後，因犯罪而生之違法狀態，尙繼續存在者，如重婚罪之婚姻狀態等是。

五、單一犯與結合犯　單一犯謂以唯一之行爲，獨立構成一罪也，如公然侮辱、竊盜等是。結合犯謂數個可以獨立成罪之行爲，由於法律之規定，結合成爲一罪也，例如强盜罪爲妨害自由罪與搶奪罪結合而成；强姦殺被害人罪（二二三）爲强姦罪與殺人罪結合而成者是。

六、身分犯與普通犯　身分犯謂以一定身分爲構成犯罪或加減、免刑之要件之犯罪也，例如須有公務員身分，始能成立瀆職罪；須有卑幼身分，方能成立殺傷或遺棄尊親屬等罪；須與脫逃人有配偶等身分，始得免刑；須有公務員身分而包庇烟賭者，始能加重其刑等是。身分犯以外之犯罪者，皆爲普通犯。

七、現行犯、準現行犯與非現行犯　犯罪在實施中或實施後卽時被發覺者，曰現行犯（刑訴八八2）；被追呼爲犯罪人者，或因持有兇器、贓物或其他物件，或於身體衣服等處露有犯罪痕跡，顯可疑爲犯罪人者，曰準現行犯（同上3項）。現行犯與準現行犯以外之犯罪人，皆爲非現行犯。現行犯與準現行犯不問何人得逕行逮捕之（同上1項）；非現行犯須有逮捕權之公務員依法定程序，始得加以逮捕。

八、親告罪與非親告罪　親告罪謂以有權者之告訴或請求為訴追條件之犯罪也，又稱「告訴乃論之罪」，如和姦罪、妨害名譽及信用罪等是；或「請求乃論之罪」，如第一一六條、第一一八條之罪是（一一九）。至於何罪之告訴權誰屬，依法律之規定決之。親告罪以外之罪，皆為非親告罪，檢察官得依職權逕行偵查、起訴也。親告罪如欠缺合法之告訴或請求，檢察官不得對之提起公訴；已經提起者，法院亦不得審理。非親告罪則否。

第二章　犯罪行為

第一　行為之概念及特性

刑法上之所謂行為，乃指行為者可能支配之身體態度及因而發生之外界影響而言。與一般觀念中之行為，頗異其趣。申言之，行為者主觀之心理意思活動與客觀之身體態度及其影響結為一體之全部過程，始為刑法上之行為。故意思活動之本身而未徵表於外時；或身體態度之本身，如睡夢中之動作、被强制之動作，皆不得謂為行為也。茲析述其義如次：

一、須基於內部意思之發動　卽支配外部身體態度之有意識的動力。是故無意識狀態中，受强制之身體動靜，單純內在之思維狀態，或非基於內部意思支配之活動，或對外界無所影響，均不得謂爲行爲。

二、須爲表現內部意思之外部態度　行爲乃意思之徵表於外者，故刑法上之行爲，必須爲實現內部意思之身體狀態，亦卽身體之動作（行爲）或靜止（不行爲）狀態始可。凡四肢之活動及以語言、文字、圖畫等爲工具之有意識的活動，固爲行爲；卽足以影響外界之靜止狀態，如不解散（一四九）、不履行契約（一〇八）等，如具有構成要件合致性，亦足以成立犯罪也。

三、須對外界發生影響　身體態度對外界所生之影響或爲實害，卽侵害法益之結果；或爲危險，卽侵害法益之可能性。行爲對外界之影響，卽行爲者反社會性之具體徵表也，刑法上行爲觀念中，不必然包括結果在內，從可知矣。

綜上所述，刑法中之犯罪行爲，實具有三種特性：第一爲侵害性，卽刑法各本條所個別規定之侵害或危險之內容，有對法益發生侵害或危險之行爲時，始得成立犯罪也。第二爲違法性，在形式上有違背刑法規定之行爲，卽成立犯罪；然在實質上須無阻却違法之事由時，而又有背於公秩良俗者始可也。第三爲有責性，卽行爲者須有責任能力，行爲須備責任條件，始得就其行爲歸責於行爲人，亦卽就其行爲負擔法律效果也。

行爲而不具備以上三種特徵，則不得謂爲刑法上之犯罪行爲，故刑法上之所謂行爲與一般觀念中之行爲有異也。犯罪行爲自動機以迄實行，其間所經歷之過程，依其在刑法上之評價程度，區分爲若干段落，謂之行爲階段。玆分述其階段如次：

第二　行為之階段

一、**犯罪決意**　即決定爲特定犯罪行爲之意思狀態也，或稱爲「犯意」。單純之犯意未向外部表示者，因其對外界無影響，雖可受道德之制裁，然不能成立之刑法上之犯罪。其僅表示犯意而未付諸實行者，法律上以其爲無碍於社會秩序之單純犯意，亦以不罰爲原則，如對婦女表示欲和姦之意思者是；惟有時爲其他法律制裁之對象，如違警罰法所規定之類。刑法雖亦設有處罰「陰謀」之規定，然所謂陰謀乃指二人以上爲實施特定犯罪之協議行爲，與單純之犯意有殊，是其所處罰者仍屬行爲，故刑法無處罰單純犯意之規定。

二、**預備**　即着手實行犯意前所爲之一切準備舉動也。預備行爲之程度雖較犯罪決意更進一步；但與實行相去尚遠，如預備犯罪所用之工具，窺探現場，偵查被害人行動等是。預備行爲尚未生實害，故以不罰爲原則予犯人自新之路也。然情形重大之預備行爲，如內亂、外患、放火、決水、殺人等罪，爲防患未然計，則又例外設處罰之規定。預備行爲有時亦可獨立構成犯罪，如

第一八七條、第一九九條等是，則均實質之預備犯也。犯罪亦有不經預備階段者，如與人口角，臨時起意傷人者是。

三、着手　即實行行爲之開始行爲也，乃預備與實行之分界線。預備與着手之區別，學說有二：第一、主觀說謂行爲達於可以辨識犯意之程度者爲着手；尙未達此程度者爲預備。第二、客觀說則謂行爲達於構成犯罪事實之一部之程度者爲着手；其未達此程度者爲預備。惟如何區別此種程度之標準，則又意見各殊：有主張以是否爲完成犯罪行爲所不可缺之行爲爲準者；有主張以是否與犯罪事實有密切關係之行爲爲準者；有主張以是否與犯罪完成有危險性之行爲爲準者；有主張亦有主張以是否與犯罪結果有因果關係之行爲爲準者。夫犯罪行爲，乃由主觀要件與客觀要件所組成，二者不可偏廢，從而惟有自犯意與違法事實一致之點，認定實行之着手，方爲正確之概念；至於如何在外形上認識着手，須就各種具體犯罪之實際情形認定之。此爲晚近多數說。

四、實行　即實現刑法各本條所規定之特別要件之行爲也，如强盜之强取他人財物之行爲等是。

第三　行爲之分類

行爲得依行爲者之身體態度動靜之不同，分爲作爲犯與不作爲犯；不作爲犯又分爲純粹不作爲犯與不純粹不作爲犯，業如前述。蓋作爲犯違背不作爲義務而積極爲之，故應受社會正義之排斥，而爲法律所不容；其不作爲之義務，皆由法律規定之。不作爲犯則違背作爲之義務，而消極不爲一定之行爲，爲正義與法律所不容。其純粹不作爲犯之作爲義務，依法律規定認定之；其不純粹不作爲犯之作爲義務何在，通說以左列事由爲其根據：

一、基於法令規定之作爲義務　例如父母有養育未成年子女之義務（民一〇八四），倘以殺害其子女之意，而不予飲食，將子女餓死時，應依殺人罪論科。

二、基於法律行爲而生之作爲義務　例如證人於具結陳述證言時，相信其所爲之陳述，皆爲眞實；旋卽發覺其陳述之內容，皆屬虛僞，然仍保持緘默，不向關係官署陳明者，卽因不作爲而成立僞證罪（一六八）。

三、基於法理或公秩良俗之作爲義務　此項作爲義務乃超法規之作爲義務，其主要者如次：

甲、基於先行行爲之防果義務　例如汽車司機因過失撞傷行人（先行行爲），而開車逃去，致被害人因傷身死者，應負過失致死或故意殺人之責。

乙、基於誠實信義原則之告知義務　例如買賣有設定抵押權登記之不動產，賣方不爲告知，致買方誤認無抵押權而交付價金時，卽因不作爲成立詐欺罪。

丙、管理者防止事故之義務　例如飼犬者怠於管理其畜犬，致犬傷人者，應負過失傷害之罪責。

本法第十五條規定：「對於一定結果之發生，法律上有防止之義務，能防止而不防止者，與因積極行爲發生結果者同。」「因自己行爲致有發生一定結果之危險者，負防止其發生之義務。」以爲一般不作爲犯之作爲義務根據。

第四　行爲之時與地

行爲之時間與空間或關係刑法之適用；或關係犯罪之成立；或關係法院管轄權；或關係追訴權之存在與消滅，不一而足。學者所主張之行爲時間與空間之適用基準，得歸納爲四說，分述如次：

一、行爲說　以實行行爲之完成時爲行爲時；完成行爲之空間爲行爲地。

二、結果說　以行爲誘發一定結果時爲行爲時；發生結果之空間爲行爲地。

三、中間現象說　因犯罪行爲而生之結果，雖不屬於犯罪構成要件之結果，例如殺人罪中，其傷而尚未死亡之階段，即爲中間現象。此中間現象存在之中爲行爲時；其存在之空間爲行爲地。此說實爲結果說之一形態。

四、折衷說　犯罪行爲有生結果者；有不然者，未可一概而論，應就個別之具體事實認定之。

本法第四條規定：「犯罪行爲或結果有一在中華民國領域內者，爲在中華民國領域內犯罪。」即採折衷說；中間現象說亦包括在內。不作爲犯之時間與空間，以其應履行作爲義務之時間與空間決定之；未遂犯之時間與空間，以其可生結果之時間與空間決定之。

第三章　犯罪之客觀要件

第一　構成要件合致性

一　構成要件與構成要件合致性

構成要件爲刑罰法規中抽象規定爲科刑根據之行爲類型或犯罪類型。換言之，即自刑罰法規中除去可罰性要件、違法性、有責性所餘之犯罪之法的成立要件也，例如第二七一條規定之「殺人者」是。構成要件，爲犯罪概念中所不可缺之要素，自刑法總則言之，則爲犯罪所具備之一般的、抽象的構成要件；自刑法分則言之，則爲個個犯罪類型所含有之特殊的、具體的構成要件。通常稱構成要件，皆指後者而言。構成要件之主要要素，爲犯罪之主體、客體、行爲，例如「殺人者」之「者」，即爲犯罪主體；之「人」即爲犯罪客體；之「殺」即爲犯罪行爲。然不以此爲限，例如一定之「目的」（二〇六）、「結果」（二七八2）、「空間」（二七九）、「時間」（二一七）、「社會關係」（三〇九1）、「手段、方法」（三二八）、「被害人之心理事實」（二八九1）、「被害人之精神狀態」（三四一）等，皆得爲構成要件內容之因素也。

構成要件爲犯罪成立要件之一之構成要件合致性之基本概念，故與犯罪之成立要件，有嚴格之區別；前者乃刑罰法規中抽象規定爲科刑根據之行爲類型；後者則包括客觀之對象評價（違法性）與主觀之對象評價（有責性）之類型，一也。前者爲犯罪成立要件之一客觀因素；後者則爲犯罪成立之全部條件，二也。前者專指評價之對象要素；後者則彙括評價之對象與對象之評價兩種要素，三也。而構成要件與犯罪構成事實亦不可混同：前者爲刑罰法規中所抽象規定之觀念形象，例如第三〇二條一項規定：「私行拘禁或以其他非法方法，剝奪人之自由者」是；後者則爲與構成要件合致之具體事實，例如甲男乘乙女入浴之際，將其衣物取去，使之不能出浴者是。其區別甚爲顯然。

如上所述，構成要件與違法性雖不相同，但有其密切關係。蓋違法性乃行爲不受法律容許之價值判斷；構成要件則爲法所不容許之行爲定型也。故構成要件爲違法性存在之理由。然具備構成要件之行爲如有阻却違法事由，則無違法性，如業務上之正當行爲（二二）是，因而二者間非有必然之結合關係。構成要件與有責性之關係，亦復如是，誠以有責性亦爲對行爲之價值判斷，其判斷乃以行爲者是否認識或可得認識爲構成要件內容之違法事實爲基礎；而構成要件卽具有示此責任基礎之認識或可能認識之範圍與界限之意義。惟是合於構成要件之行爲者，而不具備責任能力或責任條件時，仍不得對之加以刑法上之非難也。

構成要件合致性，謂行爲具有現實實現構成要件之內容，或有其實現之可能性也，爲犯罪成立要件之一。其已實現構成要件之內容者，爲「既遂」；其有實現之可能性（危險）而尙未實現者，爲「未遂」，二者皆爲構成要件合致性之態樣。又以單獨行爲而實現構成要件之內容或有實現之可能性者，爲「單獨犯」；其以多數人之共同行爲而實現或有實現之可能者，爲「共犯」，亦爲構成要件合致性之態樣。故知構成要件合致性，實爲溝通抽象構成要件與具體犯罪事實結爲一體之有機的媒介，此三個概念之區別儼然，不容混淆也。

二　實行行爲

實行行爲爲實現犯罪構成要件內容之行爲。換言之，卽具有構成要件合致性之行爲。實行行爲爲法所不許之行爲，其開始稱爲着手，均見前述；玆則略述其實質之意義。

凡與特定構成要件合致之行爲，是否皆爲實行行爲，不無問題：犯罪類型說者主張犯罪構成要件爲固定之犯罪類型，以爲可罰之「預備」、「陰謀」、「教唆」或「幫助」等行爲，或爲實行前之過程行爲，或爲便利實行之行爲，雖皆與實行有關，然非直接使構成要件內容臻於實現之行爲，卽不具備構成要件合致性，故非實行行爲。法律規定形式說者主張構成要件爲法律規定之形式，以爲此等行爲旣由刑法規定爲科刑之對象，該規定之本身卽爲該行爲之構成要件，實現此構成要件內容之行爲，不能謂無構成要件合致性，故爲實行行爲。夫刑法上之行爲乃具有刑法規範價値之行爲，其發展由內而外，逐級漸進，以達於實行，而以實行行爲，爲對於法益具有現實之侵害性或危險性爲原則；未達此階段之行爲，苟於重大法益有嚴重之影響時，國家爲防患未然計，始例外予以處罰；而非以之爲獨立構成要件，故預備、陰謀難認爲實行行爲。敎唆與幫助行爲亦非直接實現構成要件內容之行爲，亦非實行行爲。我實務上則以預備及陰謀行爲，非不得與實行行爲同視（參照31院二四〇四），傾向於犯罪類型說也。

三 因果關係

犯罪以發生一定結果爲旣遂者，曰實質犯；其不然者，曰形式犯，已如前述。實質犯中行爲與結果間之必要聯絡關係，卽爲因果關係。申言之，因果關係乃前事實對後事實影響力之聯鎖也，卽如無前事實，則無後事實之關係。因果關係爲行爲與結果間之客觀關係，故與行爲人之主觀認識無涉；且爲客觀之事實關係，故與行爲人之法律負擔無關。因果關係乃行爲之危險性問題，亦與違法性不同。是以行爲與結果間縱有因果關係，未必卽有違法性，如正當防衞之行爲是；亦未必卽有歸責性，如心神喪失者傷害他人之行爲是。惟是一行爲發生一結果，其間之因果關係，固甚明顯；然事實上每一結果之發生，恒有多數之原因相競合，在此多數之原因中，應如何確定其間屬於刑法上因果關係之範圍，則學說互異，擧述如次：

一、條件說 謂凡足以引起結果之一切條件，皆爲法律上之原因，又稱「共同原因說」或「等價原因說」。此說以論理之連鎖爲判斷有無因果關係之標準。例如甲將乙殺傷，丙驅車將乙送入醫院，中途覆車，又予乙以傷害，乙入醫院後，因醫院失火，將乙焚斃；乙妻丁見夫死，遽萌短見，投水身死。則甲、丙及醫院失火之責任者，對於乙丁之死亡，均應負其刑責。此說過分擴大行爲者之責任，有時且獲致超常識之結果，是其缺點。

二、原因說 謂發生結果如有多數條件時，於其中擇一爲法律上之原因，或稱原因條件；餘者均爲單純條件，藉以限制行爲者之責任範圍。然區別原因與條件之標準，則又不一其說：

甲、必生原因說 以必然發生結果者爲原因；否則爲條件。

乙、直接原因說 以對於結果之發生有直接關係者爲原因；否則爲條件。

丙、通常原因說 以依通常情理應生結果者爲原因；否則爲條件。

丁、異常原因說 以反乎常態之行爲爲原因；否則爲條件。

戊、最重原因說 以對於結果之發生，效力最强者爲原因；否則爲條件。

己、最終原因說 以最後引起結果者爲原因；否則爲條件。

庚、決定原因說　以有克服防止發生結果之效力者爲原因；否則爲條件。

以上諸說，於原因與條件之區分，概念旣屬含混，且多牽强，尤不切實際，故爲近代學者所不採。

三、相當因果關係說　謂就發生結果之多數條件中，依客觀之常識，以通常有同一條件卽生同一結果者爲原因；其無發生結果之可能者，則爲單純條件，不認其有原因力。換言之，法律上之原因，不外存在於相當原因中之條件而已，其所注重者爲客觀上發生結果可能與必要之條件；與條件說之專注重於論理上之原因者不同。在論理上雖可認爲有因果關係，而此說則不必認之爲在刑法上有因果關係也。此說爲原因說之一種，依其判斷標準，又可分爲：

甲、客觀相當因果關係說　此說以客觀之經驗法則爲判斷之標準。卽以行爲者在行爲時所存在之客觀事實，及行爲後之事實而在行爲當時可得預見者，爲判斷之基礎。應由第三者（裁判官）事後審查，其由此基礎通常可能發生之結果，其間卽有相當因果關係。例如甲將乙殺死，乙妻丙因悲憤而投繯自殺，甲乙間之事實爲通常狀態，卽有相當因果關係；甲應負殺人之刑責；甲丙間之事實爲異常狀態，卽無相當因果關係，甲對丙之死，不負刑責。

乙、主觀相當因果關係說　此說以行爲者之主觀認識爲判斷之標準。卽以行爲者在行爲當時所已認識或可能預見之事實爲基礎，由此事實通常可能發生之結果，其間即有相當因果關係。例如甲立於河邊，乙以標槍擲刺之，但不知其立於河邊，則甲負傷落水溺斃之事實，即非乙所預見，不能謂有相當因果關係，故對於溺死部分，不負刑責。此說使知識程度過高者負責較重，且有悖於客觀事實，有欠公允。

丙、折衷相當因果關係說　此說以客觀說爲主，而以主觀說輔之，即行爲當時之客觀事實，如爲一般人可得而知者，其行爲與結果間爲有相當因果關係。或雖非一般人可得而知，而爲行爲人所特別認識者，其行爲與結果間爲有相當因果關係。

以上三說，以客觀相當因果關係說爲合乎事理，我判例採之。

刑法上之所謂行爲，兼指作爲與不作爲而言。作爲與結果間之因果關係，顯而易見；不作爲與一定結果之間，是否有因果關係，學者間之見解各殊：主消極說者，則謂不作爲既無積極之動作，即對外界之現象無所影響，自無所謂因果關係。主積極說，者則以不作爲與一定結果間有因果關係；惟其說明之重點，至爲紛歧，舉述其重要者如次：

一、自作爲觀點說明不作爲之因果關係者　又分爲：

甲、準因果關係說　以不作爲本身雖無因果關係；然不作爲者有防止發生結果之作爲義務，而違反其義務時，應準用關於處理作爲因果關係之原則。

乙、先行行爲說　以先於不作爲之作爲爲原因，而論究其因果關係。

丙、他行行爲說　以與不作爲相對待之作爲爲原因，而論究其因果關係。

二、自不作爲本身說明其因果關係者　又分爲：

甲、干涉說　以爲作爲之有原因力，乃對結果予以起果條件；不作爲之有原因力，在於遏制防果條件，而使起果條件得以順利完成其任務。

乙、作爲可能性說　以爲得防止他因進行者，而不爲其防止時，其不作爲卽有原因力。

丙、保證人說　不純粹不作爲犯之不作爲，所以與構成要件中之作爲相同者，乃因不作爲者有作爲義務，對於不生結果立於保證人地位之故。

刑法上之作爲犯，依法立於「不當爲」之保證人地位而「爲之」；不作爲犯，則依法立於「當爲」之保證人地位而「不爲」，其立於保證人之地位則一也。是以作爲或不作爲在因果關係論中，殊無強爲區別之必要（十五）。

依條件說而論因果關係，其弊在於擴大行爲者之責任至於無限；且時有反常識之結果，業如上述；故條件說者倡因果關係中斷說，以資補苴。因果關係中斷者，謂行爲完成後，結果發生前，介入自然事實或他人之有責行爲而支配結果時，使前因後果間之聯絡爲之阻斷也。然此種情形是否阻斷因果關係，學者間之意見不一，有如次述：

一、因果中斷說　謂前行爲與結果間之因果關係，因有責行爲之介入而中斷；如爲自然事實之介入，則無影響，例如甲毆傷乙、丙送乙赴醫院，中途覆車，將乙摔死，則甲之毆打行爲與乙死亡間之因果關係，卽爲中斷。

二、因果聯絡說　謂介入行爲與前行行爲同爲發生結果之原因，並不能阻斷前行行爲與結果間之因果關係；惟因介入行爲而另生之結果，如爲前行爲人所不能預見者，除法律別有規定，或其性質特殊者外，前行爲人對之不負責任（十七參照）。

三、責任更新說　謂有責之介入行爲，僅對新生之結果，另生因果關係，並不中斷原來之因果關係；惟前行爲人對於最後結果之責任，當然移轉於介入行爲人也。例如甲毆乙成傷，丙醫誤投毒藥，致乙於死，甲乙間之因果關係，不因丙之介入行爲而中斷，不過乙之死由丙負其責任而已。

夫條件說之因果關係乃以論理之連鎖爲基礎，在論理上旣具有因果關係，卽不能謂爲中斷；且所有論理上有因果關係之條件，皆同其價値，亦無所謂責任之更新。故中斷論與條件說在本質上自相矛盾。相當因果關係說就條件說之因果關係範圍，自刑法之立場上予以界限，其目的與中斷論同，而其本質上則與條件說相輔相成，爲晚近之通說；故中斷論已無存在之餘地。

四　未遂犯

實質犯以發生一定結果爲犯罪成立要件。因而着手於犯罪之實行，而誘發行爲人所預期之一定結果者，謂之「既遂」；如實行行爲終了，或不終了其行爲，而未發生所預期之結果者，爲「未遂」，未遂行爲之依法處罰者，爲「未遂犯」（二五2）。換言之，未遂犯謂行爲人已着手於犯罪之實行，或實行完畢而未達於既遂狀態之犯罪也。其要件有三：一、行爲者須有犯罪故意。二、須有着手階段以上之犯罪行爲。三、其行爲須未發生結果。因而犯罪行爲在性質上有無未遂之可言者，舉述如次：

一、過失犯　既無故意，又無着手，僅對因過失所生之特定結果，負其刑責，自無未遂可言。

二、純粹不作爲犯　此爲僅對行爲負責，不問結果之犯罪，故無未遂犯。

三、形式犯　此爲着手與實行同時完成之犯罪，故無未遂；有反對說，頗値考慮。

四、結果加重犯　此爲對所生結果之事實負責之罪，故亦無未遂。

未遂犯以行爲之階段爲準，得區分爲着手未遂與實行未遂：前者謂已着手於犯罪之實行，而不終了其實行行爲，致未生與犯罪構成要件合致之結果也，如舉刀殺人，爲人阻止者是。又稱「中絕未遂」或「未行未遂」。後者謂行爲人已完成其實行行爲，而未發生與犯罪構成要件合致之結果也，如投毒殺人，因藥量不足，未生死亡之結果者是。又稱「既行未遂」或「缺效未遂」。

如以未遂之原因爲準，則可分爲「障礙未遂」、「中止未遂」與「不能未遂」三種，分別述之。

一、障礙未遂　謂着手於犯罪之實行，因意外之障碍，致犯罪未臻於完成也，又稱「普通未遂」或「狹義未遂」。通常所謂「意外障碍」者，乃指物質上之阻碍，對於犯罪之完成，具有强制影響力者而言，例如甲舉刀殺乙時，遥見警察前來，懼而收刀逃逸；或甲投毒殺乙，乙於毒發前請醫將毒藥化解，因而未死等是。此項物質上之障碍，對犯罪之完成是否具有强制之影響力，依決定是否有相當因果關係之基本原理決定之（二五1）。

二、中止未遂　謂行爲人已着手於犯罪行爲之實行，因己意中止，或防止其結果之發生，致未生犯罪所必要之結果也（二七）。又稱「任意中止」或「中止犯」。其要件有六：一爲行爲者應有犯罪故意。二爲須有着手階段以上之犯罪行爲。三爲須有發生結果之危險。四爲須因自己自由意思而中止之行爲。五爲中止須有實際效果。六爲中止之效果須基於行爲人之行動。中止未遂與障礙未遂之區別有三：前者因己意中止或防止發生結果，而未生結果；後者則因意外障碍而未生結果，一也。前者行爲人之意思未受外界之强制；後者行爲人之意思則受外界之强制，二也。前者減輕或免除其刑；後者得依既遂犯之刑減輕之，三也。至於連續犯、繼續犯、常業犯等過去犯行之既遂者，則不因其後行爲有中止情形，而化前行爲之既遂爲未遂，所應注意者也。

三、不能未遂　謂行爲人着手於犯罪之實行，或實行完畢，而其行爲之性質無實現犯罪構成要件之可能性，致不達於既遂狀態也（二六但），又稱「不能犯」。不能未遂與障礙未遂、雖同爲因未實現犯罪構成要件而不發生結果之行爲；但客觀論者以障碍未遂乃因其有發生結果之危險，故以爲罪，至行爲性質上全無發生結果之危險者，自無未遂之可言，因而不承認不能犯之觀念。主觀論者，則以行爲乃所以徵表行爲人之反社會性者，既有徵表惡性之行爲，社會即應有防衞之措置，故是認不能犯之存在。從而障碍未遂與不能未遂應有區別。顧二者之區別標準如何，見解至爲紛歧，擧其重要者如次：

甲、絕對不能說與相對不能說　前者謂犯罪之客體或手段，在任何情形中均不適於完成犯罪，故爲不能犯。後者謂犯罪之客體或手段，雖適於完成一般犯罪，但在特殊情形下，則不適於完成特定犯罪，故爲障碍未遂。二者又各有客體不能與手段不能之分。

乙、法律不能說與事實不能說　前者謂行爲欠缺法律上之必要方法或目的，致不能發生結果，故爲不能犯。後者謂行爲欠缺事實上之要件，而不能發生犯罪之結果，故爲障碍未遂。

丙、具體危險說與抽象危險說　前者謂在具體情況之下，行爲者認識其行爲有發生結果之危險時，爲障碍未遂；認爲無其危險時，爲不能犯。其判斷基礎之具體情況，以行爲時一般人及行爲者可得預見者爲準，故又稱「客觀危險說」。後者謂行爲時行爲者所認識之事實如已實際存在，則其行爲卽得發生結果者，爲障礙未遂；否則爲不能犯。因其依行爲者之認識，決定其行爲有無抽象之危險，故又稱「主觀危險說」。

丁、純主觀說　謂苟有犯意而爲實行行爲，雖未發生任何結果，亦爲未遂犯；否認不能犯之存在。惟於「迷信犯」則別爲解釋，以其無礙於法律秩序，故例外認之爲不能犯。

戊、欠缺事實說　謂行爲未能充實構成要件中之要素也，例如以屍體爲生人而殺之者是。主觀論者以之爲未遂；客觀論者或以之爲未遂，或以之爲不成立犯罪，或以之爲不能犯。

總之，刑法中不能犯論之目的，在於限制未遂犯之責任；而現代責任論之重點，祇注意犯罪主體之反社會性徵表。然犯罪實行行爲之成立，不惟行爲者須以其遂行行爲爲表現意欲發生結果之意思，更須其行爲具有犯罪行爲之相當的內容之實質，此其發生結果之危險，始得謂有社會心理上與經驗上通常發生結果之可能性也。故以具體危險說較爲妥適。本法第二十六條但書規定：「但其行爲不能發生犯罪之結果，又無危險者」，卽採此說；且以示不能犯與障礙未遂(二五1)有所區別也。

關於未遂犯之處罰，立法例除英國法系外，向無處罰中止未遂之規定，所以予犯人以自新之路也。最近立法例，或以既遂與未遂同科爲原則，如法國、波蘭等刑法之規定是；或得按既遂犯之刑減輕之，如德、瑞士、日、丹麥等國刑法之規定是。我暫行新刑律以中止未遂與障碍未遂同視同科；舊法及本法則以中止未遂與不能未遂，爲未遂犯之獨立態樣，並採必減必免主義（二六但、二七），與障碍未遂之採得減主義者不同（二六前段）。惟未遂犯之處罰，以有特別規定者爲限（二五2），則此三種未遂態樣之處罰，皆須依法律之特別規定也。

第二　違法性

一　違法性之概念

違法性爲違反全部法律秩序，而不爲法所容許之反常規行爲內容也，乃法律對於客觀行爲之價值判斷，爲犯罪成立之客觀要件。行爲在形式上與構成要件相合致時，原則上即推定其有違法性，故形式之違法性以爲違法，乃違背國家之形式規範即法規之謂。然行爲雖具有形式違法性，而其內容苟無背於公秩良俗，仍難認爲不法。從而，實質之違法性，以爲行爲須違背法律秩序之實質，始爲違法，不能徒於法律之形式規定中求之。因之，違法乃對社會有害（侵害規範所保護之法益）或違反文化規範也。然形式違法與實質違法因觀察之角度不同，而異其論點，實在爲相輔相成之一體兩面也。如自責任觀點觀察違法性之概念，則又有客觀違法性說與主觀違法性說之別：前者以爲法律乃行爲之客觀評價規範，違反此規範之行爲，即爲違法；故行爲在客觀上違法與行為人是否有責任能力無關。後者則以法律為意思決定之規範，故有責任能力人違背意思決定規範之行為，始為違法，故無責任即無違法性。夫違法性乃依客觀之法律對行為所為之價值判斷，自以客觀違法性說之觀點為當。

自犯罪之構成關係中觀察，則違法性之性質與機能，得舉述如次：

一、違法性為關於與構成要件合致之行為是否反乎法律秩序精神之價值判斷，故為對行為之社會評價，與對行為事實判斷之危險性有別。

二、與構成要件合致之行為，必須為法所排斥，始為違法。行為之反社會性，乃行為之危險性與行為之違法性所組合而成。行為之反社會性為犯罪成立之客觀要件，故行為違法性為犯罪成立之積極要件。

三、行為與構成要件合致時，原則上得推定其為違法；然如有阻却違法之事由時，即無違法性，故阻却違法事由修正構成要件之合致性。

四、行為違法性為犯罪成立之積極要件，此為罪刑法定主義之當然結論。

五、行為違法性為犯罪之一般要件；雖有若干犯罪以「無故」（二〇六2、三一五、三一七等）或「不法」（三二〇1、三二五、三二八1等）為特別要件者，乃屬出於修詞上之便宜，非謂僅此等犯罪始以違法性為要件也。

六、行為之違法性兼及於作為與不作為。純粹不作為犯之違法性，在於其違背作為義務之不為，純粹不作為犯之違法性，應求之於違反防止發生與構成要件合致結果之義務。

二　阻却違法事由

阻却違法事由謂行為有犯罪之形式，而排斥其犯罪實質之條件也。申言之，行為雖具有構成要件合致性，原則上固可推定其有違法性；然因別有排斥其違法實質之事由存在，而不得就該行為為違法之判斷也。阻却違法事由皆依法令之規定，舉述如次：

一、基於法令之行為　即為法令所明示或默示允許之行為。行為既為法令之所不禁，實質上即為法令所賦予之權利或權力行為，或義務行為，而預定其為適法行為者也（二一1）。此等行為自始即無違法性，故能阻却違法。法律包括公法與私法而言；命令則以不牴觸法律者為限。舉其重要者如次：

甲、基於法律者：

子、關於執行職務者　如行刑人依法對受刑人執行死刑、司法警察依法拘提人犯等是。

丑、關於懲戒行為者　如父母在其親權之必要範圍內，懲戒其子女（民一〇八五），師長懲戒學徒等是。

寅、關於監護行爲者　如監護人監禁患精神病之受監護人者是。

卯、關於現行犯之逮捕者　任何人對於現行犯均得逕行逮捕之，不須任何法律手續是（刑訴八八1）。

辰、其他依法律之行爲　如民意代表在議會中所爲言論及表決（憲三二、七三、一〇一），以善意發表言論之行爲（三一一），權利人之自救行爲（民一五一），占有人之自力救濟（民九六〇）等是。

乙、基於命令者　卽依所屬上級公務員命令之職務上行爲，不罰；但明知命令違法者，不在此限（二一2）。蓋下級公務員對上級公務員之命令，依法本有服從之義務（服務二）；所命令者既屬職務上之行爲，下級公務員尤應確切執行。依法令執行職務，原爲公務員之權利，有時且爲義務，自應阻却違法。惟如下級公務員明知其命令爲違法，而仍予奉行，則屬同惡相濟，擴大實害，自不得藉口奉行命令，脫卸罪責也。從而，下級公務員接奉上級公務員職務上命令時，如非明知其違法，卽有絕對服從之義務；如有意見，得隨時向上級公務員陳述（服務二但），倘不蒙採納，而其命令又確屬違法者，惟有予以告發，始得免責（刑訴二二〇）。

說明，依所屬上級公務員命令之職務上行爲得以阻却違法者，應具備之要件如下

：一爲上下級公務員間須有直接隸屬關係（服務二、三）。二爲命令須屬於上下級公務員職權範圍內之事項。三爲命令須具法定之方式與程序。四爲下級公務員須非明知命令爲違法。

二、業務上之正當行爲　謂從事法令所容許之業務之必要行爲也。業務乃吾人在社會上之生活地位，既爲法令所不禁，則從事該業務所必要之行爲，即屬合法之權利行爲，自應阻却違法。縱其外形具有構成要件合致性；但其衷心實爲執行業務之必要行爲，且具有業務上之正當性，而無犯意，故法律不加處罰（二二）。惟應具備左列要件：

甲、須爲一定之業務　即經常從事之固定業務，而於相當期間內持續爲之也；如偶一爲之，則非此所謂之業務。

乙、須爲合法之業務　即爲法令所許可或不禁止之業務；但不以由主管官署頒發許可狀者爲限。至其在道德觀念上是否正當，在所不問。

丙、須在業務範圍之內　凡屬一定之業務，在經驗法則上均有其一定之範圍，逾此範圍，即不能阻却違法。

丁、須爲正當行爲　即在其業務範圍內所必要之行爲，即爲業務上之正當行爲。是否正當，應依從事該項業務之經驗法則、習慣及共同方式定之。

三、正當防衛行爲　卽爲防衛自己或他人之權利，對現在之不法侵害，用私人腕力加以排除之反擊行爲（二三），又稱「緊急防衛」或「防禦行爲」。正當防衛行爲阻却違法性之基礎何在，其說不一，通說以之爲基於法律自我保全，並以維持社會公共生活秩序之權利行爲，故有阻却違法之效力。惟應具備次述之要件：

甲、須有侵害之存在　防衛爲被動之行爲，故無侵害卽無防衛之可言。至於侵害行爲之爲作爲或不作爲，出於故意或過失，均所不問。

乙、須有現在之侵害　現在卽急迫之意，但不以非用自力排除，卽不能避免侵害爲要件，故犯罪行爲雖已終了，而侵害狀態仍爲現實存在者，仍得對之爲正當防衛也。惟對於過去或將來之侵害，則可藉公力或預防救濟之，不容自力救濟也。

丙、須有不法侵害　不法侵害，乃法所不許之侵害法益行爲，必有不法侵害時，被害人始得爲正當防衛，以維護自己之合法權益。對方基於權利（力）或義務之行爲，乃屬合法行爲，爲合法行爲所支配者，既不能認爲侵害，自不能對之主張正當防衛。自然事實與動物之侵害，因其非法律規範之對象，無所謂不法，故非正當防衛之對象。

丁、須爲防衛自己或他人之權利　權利卽法律所保護之利益也，凡屬生命、身體、自由、財產、名譽等之權利皆屬之；但不以此爲限。至該權利屬於自己或他人，自然人或法人，在所不問。

戊、須對加害人爲之　正當防衞爲排除自然人所爲之侵害法益行爲，故其反擊之對象，以加害人爲限；不得對加害者以外之人主張之。至如双方互毆，不能證明孰爲加害人者，則皆不得主張正當防衞也。

己、防衞行爲須不過當　即防衞行爲不能超越必要之程度，以免流於濫用，轉資妨害法律秩序也。是否過當，應就加害者所施之侵害方法、緩急程度及其他情況，衡量被害者之反擊行爲，是否逾越防衞之必要程度，依客觀之常識決之。防衞行爲如不過當，則完全阻却其違法性，法律不予處罰。但防衞行爲過當者，其過當部分仍屬違法，惟得減輕或免除其刑而已（二三但）。過當之防衞既非適 法行爲，自得對之爲正當防衞。

如正當防衞之事實原不存在，而行爲人在幻覺中認爲有現在不法之侵害，而行使防衞權者，爲「誤想防衞」，此爲無故意之行爲，應阻却責任。其因誤解法律，而以對他人之合法行爲，亦可行使正當防衞權者，則爲誤解防衞，自仍應負其行爲之責任也。

四、被害人承諾之行爲　謂得被害人之同意而破壞其法益之行爲也。此種行爲是否阻却違法，應視被害人對該法益有無自由處分之權爲斷。被害人有權處分之法益，自亦有權同意他人加以破壞，破壞之者應不成立犯罪，因其同於有權者之處理行爲也；否則，雖得被害者之承諾，仍屬犯罪也。茲分述承諾之要件如次：

甲、承諾人須有辨識事理之能力　即承諾人能理解其承諾之效果，始可爲有效之承諾也。

乙、承諾須無瑕疵　即承諾須出於被害人之自由意思，始有承諾之效力。

丙、承諾須於行爲時存在　承諾之行爲爲行爲主觀正當化之要素，方能阻却違法，故事後之承諾，即無阻却違法性。

丁、承諾限於個人有權處理之法益　此等法益爲純粹之私權法益，私人有權處分，故聽其允許他人破壞之。然其處分如有背於公秩良俗，或個人法益而與國家、社會有關者，則皆不得任由私人承認而破壞之也（二七五、二八二參照）。

五、**自損行爲**　即破壞自己法益之行爲。個人法益原可由本人自由支配之；然如因而侵害他人或公共之利益時，法律爲保護他人或公共之利益，仍有予以禁止之必要，如自傷之行爲，雖不犯罪；惟意圖避免兵役而自傷，則損害國家之自衞力量，故應予以處罰（妨害兵役六4款）。其他如吸食烟毒，雖屬破壞自己身體，而間接害及國家社會；焚燬自己建築物，則可延及他人，危害公共安全，故又明文禁止之也。

第四章　犯罪之主觀要件

第一　責任之意義及其本質

行爲雖具備構成要件合致性與違法性，然必在應受社會非難之心理狀態下爲之，始得科以刑罰，此種可受非難之心理狀態，謂之責任。換言之，責任乃對行爲人違反不爲違法行爲決意之意思決定規範之要求，而爲違法行爲決意之價值判斷。因其以行爲人支配行爲之心理狀態爲評價之對象，故爲犯罪成立之主觀要件。徵表犯人反社會性之行爲，而應受社會之非難、法律之排斥時，該行爲即具備「有責性」，行爲者即應承擔其法律效果。

責任之本質爲何，應自責任之基礎與根據理解之，其學說有三，分述如次：

一、道義責任論　以責任爲對於行爲及行爲者之道義非難條件；以自由意思爲責任之基礎。有自由意思者基於自由意思決定而從事一定行爲時，始得就此行爲及其結果歸責於行爲人，此歸責關係，即爲責任之基本。換言之，此種場合，道義上行爲及結果與行爲者人格間即成立特別之連鎖，因而對行爲者得爲法律上、道德上之非難，故此連鎖即是責任之根據。此爲舊派學者所主張之應報刑主義責任論，以道義之非難爲責任之本質，因其以意思爲責任基礎，又稱爲「意思責任」；因其就具體而爲之個個行爲論究責任，又稱「個別行爲責任」或「行爲責任」。此說以非基於自由意思而行爲者爲無責任能力者，亦卽無犯罪能力者，故不得科以刑罰；雖得付保安處分，然究與刑罰異其性質。刑罰之重輕與行爲及其結果之大小成正比例。

二、**社會責任論** 以責任爲對行爲者適於社會防衞處分或保安處分之要件，卽適於爲刑罰對象之心理狀態，故以行爲者之反社會性爲責任基礎。社會對於具有反社會性者，應自爲防衞，其防衞方法通常爲刑罰，因而以責任爲行爲者，應接受社會防衞保全處分之地位。此說爲新派學者所主張之主觀主義、敎育刑主義之責任論。社會責任論者以無責任能力者之行爲，亦具有反社會性，但不適於科刑，而以保安處分矯正、敎育之，以達防衞之目的，故刑罰與保安處分同爲防衞保全處分，本質相同。因其以行爲者之反社會性爲責任基礎，又稱「性格責任」或「人格責任」。從而，刑罰非以現實行爲及其結果之實害爲對象；乃依行爲者反社會性爲對象而量定之。

三、**規範責任論** 以責任爲對於行爲或行爲者得爲規範非難之要件，故責任之本質爲非難可能性，卽可責性，而以期待可能性爲責任之基礎。申言之，依一般情形得期待行爲人不爲犯罪行爲，而行爲人竟爲犯罪行爲時，卽應就該犯罪行爲負法律上之責任，是爲期待可能性；反之，不能期待行爲者爲適法行爲，雖其爲違法行爲，亦不負責任，是爲期待不可能性，具有阻却責任之機能。期待可能性本身之判斷，並非責任；有期待可能性之可能受非難之心理狀態，始爲責任。判斷期待可能性之標準有行爲者標準說、平均人標準說與國家標準說之爭，而以平均人標準說爲通說。

規範責任論爲現代之多數說，因其兼具兩說之長也。我刑法則仍以採社會責任論爲原則。

第二 責任能力

責任能力者，謂基於一定行爲，而有負擔刑事上責任之資格也。簡言之，卽得爲犯罪主體之能力也。道義責任論者以之爲理解刑法規範，而得依其理解爲一定行爲之能力，故以行爲人對其行爲是否具有理解能力與自由意思，而爲判別有無責任能力之標準。苟具自由意思，而能辨別其行爲之是非者，卽應負刑責；否則，不負責任。因而此說以責任能力爲意思能力或犯罪能力。主社會責任論者以爲自然人就其侵害社會之行爲，皆處於應接受社會反動干涉之地位，此與其精神狀態無關，無區別責任能力有無之必要。因而此說以責任能力爲刑罰能力或刑罰之適應性。道義責任論偏重於個人之保障，而忽於社會之保全，不能謂爲的當，故以社會責任論之主張爲妥適。

責任能力以着手爲犯罪行爲時存在爲必要；至自然人是否有責任能力，通常以其年齡及精神狀態爲判斷之標準，玆依我刑法之規定，分述如次：

一、以年齡爲準　精神成熟者，通常卽具有理解規範作用以控制其行爲之能力；而精神之成熟與否與身體之發育平行，故各國多以年齡爲判別之準據，稱爲「刑事責任年齡」或「刑事丁年」。依本法規定，責任能力依年齡爲準，分爲三階段如下：

甲、全無責任能力　本法第十八條一項規定：「未滿十四歲人之行爲，不罰。」即因此等人知識幼稚，精神發育未臻成熟，無健全之理解能力；且無刑罰之適應性，故以不罰爲宜；但得付保安處分（八六1）。

乙、限制責任能力　本法第十八條二項規定：「十四歲以上未滿十八歲人之行爲，得減輕其刑。」蓋此等人之知識雖較未滿十四歲人爲高，然閱歷未深，究非有充分理解規範之能力，故得斟酌具體情形，以爲減輕責任與否之標準。同條第三項規定：「滿八十歲人之行爲，得減輕其刑。」則基於我國「刑不及老」之倫理觀念，爲沿習之規定而已；非以其精神未成熟爲理由，所應注意者也。少年事件處理法爲本法之特別法（少三1、四二），適用時應注意及之。

丙、完全責任能力　滿十八歲而精神狀態正常者，此等人既有理解規範之能力，故應對其違法行爲，負擔法律上之責任。

二、以精神狀態爲準　犯罪行爲乃基於行爲者之心意活動而發動者，故與精神狀態之關係，至爲密切。依本法之規定，分爲三階段，分述如次：

甲、全無責任能力　本法第十九條一項規定：「心神喪失人之行爲，不罰。」此等人完全喪失其正常之精神狀態，故毫無理解規範之能力；且無刑罰之適應性，故不能使其負刑事責任；但得付保安處分（八七1）。

乙、限制責任能力　其態樣有二：一爲精神耗弱人之行爲，得減輕其刑（十九2）。此等人精神狀態雖不健全，但尚未達心神喪失之程度，故不能謂爲絕無責任能力也。二爲瘖啞人之行爲，得減輕其刑（二〇）。此等人欠缺聽能、語能，吸收知識之機能，已失其二，與其精神狀態之成熟，自有影響；惟以近代科學發達，瘖啞人亦多接受敎育之機會，故未可認爲絕無責任能力。然必先天或幼而瘖啞者始可也。

丙、完全責任能力　卽精神狀態健全而滿十八歲者。

年齡之計算依週年計算法，卽自出生之日起，滿一週年爲一歲。若行爲時有責任能力，而至審判或執行時喪失責任能力者，仍爲有責任能力，僅應停止審判或執行而已（刑訴二八七1、四七一1之一款）。

第三　責任條件

責任條件，謂行爲者支配犯罪行爲之一定心理狀態也，乃行爲人反社會性之徵表，爲使行爲具備有責性之要件。又稱「責任意思」或「意思條件」，其態樣有二：即故意與過失（十二1）是也；然過失之處罰，以有特別規定者爲限（十二2）。是以對於具有責任條件之行爲，始得爲社會之價值否定或社會之非難也。玆分述責任之條件如次：

一、故意　謂行爲人認識構成犯罪之事實，而決心使其發生或容認其發生之心理狀態也，又稱「犯意」。關於故意之觀念，學說有二：一爲認識說，主張凡認識犯罪之客觀事實，而爲舉動之決意，或聽任其發生者，此種心理狀態，卽爲故意。又稱「預見主義」。二爲希望說，主張行爲人希望構成犯罪之客觀事實發生，而爲舉動之決意者，此種意思狀態卽爲故意。又稱「意欲主義或意思主義」。然二者之重點雖有不同，而實質無殊，故近代學者多以對於犯罪事實之認識與意欲爲故意之內容，殆爲通說，亦卽故意實包括「知」與「意」兩種心理要素也。本法第十三條規定：「行爲人對於構成犯罪之事實，明知並有意使其發生者，爲故意。」「行爲人對於構成犯罪之事實，預見其發生，而其發生並不違背其本意者，以故意論。」卽採通說。對於犯罪事實之認識，包括違法性之認識在內；而不以有違背具體刑罰法令規定之認識爲必要。

故意得分類如次：

甲、單純故意與預謀故意　前者謂行爲人對於犯罪之方法、結果等均未考慮，由於偶然刺激，突然決意實施犯罪之心理狀態也。又稱「突然故意」。後者則於深思熟慮後而為犯罪行爲也，又稱「預謀故意」。預謀之犯情未必重；突發之犯情未必輕，故無强爲區別之必要。

乙、確定故意與不確定故意　前者謂行爲人對於構成犯罪之具體事實，確實認識其存在，而促其直接發生之心理狀態，又稱「直接故意」或「無條件故意」（十三1）。後者謂行爲人認識構成犯罪之事實可能存在或可能發生，而聽任其發生，且其發生並不違背行爲人本意之心理狀態，又稱「間接故意」或「附條件故意」（十三2）。不確定故意之態樣有種種：一爲客體不確定之故意，又分爲概括故意與擇一故意兩種：前者如向井中投毒，雖明知必有人被害，但不確知何人被害者是；後者如向甲乙二人開槍，確知二人中必有一人死亡，其結果均爲行爲人所希望者是。二爲結果不確定之故意，如甲乙二人口角，甲順手拾石，向空拋擲，石落竟傷乙之頭部者是。

丙、事前故意與事後故意　前者謂行爲尙未生預期之結果，而行爲人誤認已生結果，更以其他動機另爲一行爲，始完成前行爲所預期結果者是。如以刀殺人，成傷未死，行爲人誤認已死，更圖滅跡，將被害人投入水中，致溺斃者是。現代多數說認前行爲與結果間係基於一個概括故意，故否定所謂事前故意。後者則行爲人原無犯意，迨一定事實發生後，始生犯意，而利用既成事實，以完成犯罪企圖也，如醫生爲患者開刀，原意療疾，乃開刀後忽生殺人之意，遂不爲縫合，致患者死亡是。現代通說，以爲犯意不能遡及無犯罪構成事實認識之行爲而適用之，故亦無所謂事後故意。

犯罪之決心皆有其一定之遠因，遠因卽動機也，故遠因與故意之性質迥殊，其區別有二：故意事事如一，卽認識犯罪之事實而決心爲之之意思狀態；遠因則各事不同，如故意殺人雖一，而所以起意殺人之動機，則有義憤、復仇、圖財、嫉妬等之別。此其一。故意爲責任之要素，其範圍依法律之規定；遠因則與犯罪之成立及其性質，並無影響，此其二。動機雖非犯罪要件，然可據以察知惡性之大小，而爲量刑之準據（五七1）。

二、過失　謂行爲人對於應認識且能認識其發生之犯罪事實，而因不注意致欠缺認識之心理狀態也。故過失之成立，應具備之條件有四：一須有注意之義務。二須有注意之能力。三須怠於注意。四須欠缺發生事實之認識。過失行爲既以因不注意而欠缺認識爲基本要件，然應注意至何種程度，始非過失，學說上之標準有三：一爲客觀說，卽以一般人對於該事實之注意程度爲準，忽略此種程度之注意者，卽爲過失。此說對於知識低下者，未免過苛。二爲主觀說，卽以行爲人平時處事之謹愼程度爲準，如怠於此種程度之注意而輕率從事，卽爲過失。此說使知識程度較高者，負責特重，亦失公允。三爲折衷說，卽以客觀說爲一般人注意能力之標準；行爲人之注意能力低於一般人時，則以主觀說爲準，此說較爲允當，本法採之。

過失之分類如次：

甲、疏虞過失與懈怠過失　前者謂行爲人應注意並能注意而未注意，致不認識犯罪構成事實，遂發生犯罪之結果（十四1）。後者謂行爲人對於構成犯罪之事實，雖預見其能發生，而確信其不發生，乃竟發生其結果（十四2）。學者間有稱前者爲「無認識之過失」、後者爲「有認識之過失」者，頗值商榷，蓋故意與過失之主要區別，卽在對於所生之事實，有無認識之一點，旣有認識，卽應論爲故意也。故懈怠過失與不確定故意應有嚴格之區別，蓋二者雖對結果發生之可能性皆有預見；而不確定故意則行爲人並不否定結果之發生；懈怠過失，則行爲人確信其不發生，在支配行爲之心理狀態上，迥不相同也。

乙、普通過失與業務過失　前者謂一般人因怠於必要之注意義務，致誘發構成犯罪之事實也，又稱「一般過失」。後者謂從事一定業務之人，因怠於業務上之必要注意義務，致誘發構成犯罪之事實也，因立法例對之處刑較重，又稱「加重過失」。

過失亦可獨立成罪，如失火罪、過失致人死或傷等罪是；亦有與故意競合者，如甲故意開槍將乙擊斃，並同時傷及乙旁之丙，是殺乙爲故意，傷丙爲過失，除有特別規定外（五五），應分別論罪。

三、錯誤　謂行為者之主觀認識與客觀實現之事實相齟齬也。申言之，即行為人之主觀認識與客觀上所發生之事實，不相符合之狀態也。此種狀態對於行為人之意思責任，不無影響，故應加研究。錯誤得依其內容，分為兩種，擧述如次：

甲、事實錯誤　即行為者所認識之事實與其行為所誘發之事實不一致也，又稱「構成要件錯誤」，可分為：

子、具體事實錯誤　謂在同一犯罪構成要件範圍內之錯誤也。又可分為：

1客體錯誤　謂行為客體性質之錯誤，又稱「目的錯誤」，例如以甲為乙而殺之。

2打擊錯誤　謂行為方法誘發與意圖不同之結果，又稱「方法錯誤」，例如向甲開槍，而命中乙。

3因果關係錯誤　謂主觀因果關係與客觀因果關係不一致也，如甲誤信已將乙絞死，而將乙投入水中，致被溺死。

丑、抽象事實錯誤　謂在不同之犯罪構成要件範圍內之錯誤也。又分為：

1加重事實錯誤　謂行為人有加重事實之認識，而其行為未誘發加重之事實也，即「所知重於所犯」，如欲殺尊親屬，而誤殺普通人。

2減輕事實錯誤　謂行爲人無加重事實之認識，而其行爲誘發加重之事實也，即「所知輕於所犯」，如欲殺普通人，而誤殺尊親屬。

3犯罪構成事實之錯誤　即「所知」與「所犯」相等，而異其構成要件，如欲妨害投票，致生毀物之結果（一四七、三五四）。

認識與事實須符合至何種程度，始爲無錯誤，學說不一，有如次述：

㈠具體符合說　謂認識與事實具體相符合者，即爲犯罪之既遂；否則阻却故意。例如誤認甲爲乙而殺之，應負殺人既遂之責；如意在殺甲，因射擊偏差，誤將乙擊斃，則其認識與事實之間，即無具體一致之關係，謂之打擊錯誤，不能論爲故意殺人之既遂也。

㈡抽象符合說　謂行爲者如有犯意，且誘發犯罪之事實，即爲故意之既遂，其「所犯輕於所知」者，從其「所犯」者論爲既遂，而以其「所知」者爲未遂，合一從重處斷；其「所犯重於所知」者，從其「所知」論爲既遂，而以其「所犯」爲過失，依想像競合之例處斷。

㈢法定符合說　謂認識與事實在法定構成要件之範圍內一致時，雖非具體符合，亦應認爲犯罪之既遂，如前例，行爲者既有殺人認識，而殺人之法定事實，又無錯誤，自應論以故意殺人之罪。如認識與事實不屬於同一構成要件範圍時，雖爲抽象之符合，亦不應概以既遂犯論，如欲殺尊親屬，而誤殺普通人，卽不能論爲故意殺尊親屬之既遂也。又稱「折衷說」。

以上三說，以法定符合說較爲妥適；我實務上則以採具體符合說爲原則。

乙、法律錯誤　謂誤認法律之存在或不存在也，又稱「禁止錯誤」。法律錯誤與故意內容之是否以有違法認識爲必要問題，有密切關係；現代多數說以故意之成立，行爲者應有違法之認識，即認識其行爲爲法律所不容許即可；而不以行爲人有合於刑法具體規範之認識爲必要也。又可分爲：

子、積極錯誤　即法律原無處罰其行爲之規定，而行爲人誤認刑法有制裁規定也。此等場合，法無明文，自不因行爲人之幻覺，而課以刑責，故阻却故意。

丑、消極錯誤　即法律原有處罰其行爲之規定，而行爲人誤認爲法無明文或其行爲爲法所容許也。如兼祧繼承人重爲婚姻，誤爲不成立重婚罪，或爲法所容許者是。此種場合，不得因不知法律而免除刑事責任；但按其情節得減輕其刑；如自信其行爲爲法律所許可，而有正當理由者，得免除其刑（十六）。

所謂「法律」錯誤，限於對刑罰法令之錯誤認識；關於刑罰法令以外之法令，如有錯誤認識，且影響及於犯罪之成立者，亦屬於事實錯誤問題，而非法律錯誤也。

第四　結果責任

結果責任謂對於犯罪結果，應負刑事責任，而不以具有故意或過失爲要件也。此種責任依於法律之特別規定，而不問其是否具有責任條件也。其情形有三，分述如次：

一、推定責任　限於行為人不舉反證時，推定其有故意，使負刑責，德國舊出版法採之。

二、就他人行為負責　即就他人之違法行為，負其法律責任，如舊鑛業法第一一七條、交易所法第五五條之規定是。

三、結果加重犯　即行為之結果，較行為人所預期者為重，行為人依法對不預期之重果，負加重之刑事責任也。如以輕傷之故意而為傷害行為，竟生致死結果，即應依法負傷害致死之罪責（二七七2）。但因犯罪致發生一定結果，而有加重其刑之規定者，如行為人不能預見其發生時，不適用之（十七）。行為人能否預見，則應依客觀之標準定之。

第五　阻却責任事由

責任為法律上之非難可能性；判斷有無可責性，應依期待可能性之原理決之，為今日通說，業如前述。因而所謂阻却責任者，乃謂行為人在客觀上無非難之期待可能性的心理狀態之下，所為之違法行為，不得歸責於行為人也。我刑法所列舉之阻却責任事由，依其性質，得歸納如次：

一、屬於責任能力方面者　責任能力為歸責條件之一，必須有理解規範義務之能力，始有刑罰之適應性，因而無責任能力者之行為，既無期待可能性，亦無歸責性，故為阻却責任之事由，如未滿十四歲、心神喪失等卽爲絕對阻却責任事由；十四歲以上未滿十八歲人及滿八十歲以上、精神耗弱、瘖啞等，則爲相對阻却責任事由。

二、屬於責任條件方面者　責件條件爲支配具體行爲之心理狀態，自義務觀點認識所「當爲」，違背義務而爲之，卽有歸責性；如不爲合義務活動之期待可能性，卽阻却責任，如無故意或過失、緊急狀態、錯誤、緊急避難等是。茲就緊急避難析述如次：

緊急避難，謂爲避免自己或他人緊急危難之狀態，不得已而侵害正當第三人之法益也。申言之，卽當急切危迫之際，因救護自己或他人之生命、身體、自由、財產，不得已而加害於人之行爲也（二四Ⅰ）。此種場合，因行爲人無另爲適法行爲之期待可能性，故得阻却責任；亦有以之爲阻却違法事由者，爲本書所不取。依本法規定（二四），緊急避難之阻却責任，應具備之要件如次：

甲、須有危難　危難謂基於人類行爲或其以外之事實，致自己或他人之法益，處於立待排除之被侵害狀態，如殺人、傷害、猛獸、火災、地震等引起之危難是。緊急避難爲避害行爲，故須先有危難之存在。然對他人之適法行爲，縱有侵害法益之事實，亦不得主張避難；但對無責任能力人所加之危難，自仍得主張之。

乙、須有猝發之危難　卽突然發生而不及預防之危難，亦卽所謂「緊急狀態」，乃危險災難之迫切狀態也。以時間言，即指現在，而非過去或未來。然此所謂現在，與正當防衛之現在指不法侵害之時間而言者，性質迥殊。

丙、避難行爲須出於不得已　即除侵害他人法益，別無可以避免危難之方法時，亦即無期待其爲其他之適法行爲時，始得爲避難行爲。此爲前項所謂現在之解釋。蓋緊急避難並非行使權利，如有可以避免之方法，自不許其侵害他人之法益也。

丁、須爲避免自己或他人之危難　避免自己危難，所以任遭遇人以自力救護也；避免他人危難，所以獎勵人類同情互助之義。然其所欲保全之法益，則以法所列舉之生命、身體、自由、財產爲限，而不及於名譽。關於名譽之緊急危難，事實上不易想像，故不許藉口名譽之緊急避難，以侵害他人之權利也。

戊、須無承擔危難之特別義務——基於公務或業務而有承擔危難之特別義務者，乃爲救助他人危難之負擔，自不許其違背義務，擴大他人之危害也。

巳、避難行爲須不過當　避難行爲是否過當，應依其是否出於不得已決定之。實務上雖不以法益之權衡爲準，然非絕不受其影響。避難行爲過當者，得減輕或免除其刑，因其可責性較薄弱也。

現無緊急避難之事實，而行爲者誤認有其事實，致爲緊急避難之行爲；或有其他可以避免危難之方法，誤信別無方法，而爲緊急避難之行爲者，皆爲「誤想避難」，因行爲者欠缺事實之認識，故阻却故意；惟如有過失時，仍應負過失之責。

正當防衛與緊急避難有別：前者爲以正對不正之行爲；後者爲以正對正之行爲，一也。前者爲排除他人之不法侵害；後者所避免之危難，不以出於不法者爲限，二也。前者爲對人類行爲之反擊；後者則非對於危難之反擊，三也。前者反擊之對象限於加害人；後者則侵害正當第三人，四也。前者爲權利行爲；後者爲無期待可能性之行爲，五也。前者爲阻却違法事由；後者爲阻却責任事由，六也。對前者不得主張正當防衛；對後者得主張正當防衛或緊急避難，七也。前者於一切權利被侵害時，皆得主張之；後者對名譽權不得主張之，八也。前者任何人皆得主張之；後者則有特別義務者，不得爲之，九也。前者不得超過必要限度；後者須以不得已爲要件，十也。

三、屬於身分關係者　此等阻却責任事由，多規定於刑法分則之中，如第一六二條五項、第一六七條、第一六九條二項、第二八八條三項、第三二四條、第三三八條、第三五一條等是。

第五章　共　犯

第一　共犯概念及其理論

共犯者，二人以上基於意思之聯絡，而共同實現犯罪之行爲也。析義如次：

一、須有二人以上共同犯罪　即須有二以上有責任能力之自然人，共同犯罪，始爲共犯。其以一人之行爲而實行犯罪者，爲單獨犯；其利用他人之無責任行爲而實現犯罪者，爲間接正犯，均非共犯也。

二、須有共同犯罪之意思　謂共同犯罪之人必須有犯罪意思之聯絡，即有共同加功之認識，始爲共犯。其無犯意聯絡，雖偶有共同之行爲，則爲同時犯，亦非共犯，例如甲乙素不相識，而各有殺丙之決意，一日偶同時遇丙，同時開槍殺丙者是。然共同犯意則不以共同知情爲必要，如片面之幫助犯是（三十1）。間接正犯亦因利用者與被利用人間，無共同意思聯絡之故，不得謂爲共犯也。

三、須有共同實現犯罪之行爲　謂二人以上須共同參與實現犯罪之行爲也，其參與之方式雖有不同，要須對於犯罪之實現有具體之原因力者始可，如實行行爲之分擔，或爲他人創造犯意，或便利他人實行犯罪等是。然是否以共同加功於一個特定之犯罪，則學者間之見解不一，本書以爲宜採肯定說。

共犯之本質爲何？即共犯所共者爲何，學者不一其說，擧述如次：

一、犯罪共同說　謂二人基於共同犯意，而協力實現一個特定犯罪者，即爲共犯。此說以客觀之犯罪事實爲觀察基礎，又稱「客觀說」；又因其有相互利用之犯罪意思，又稱「犯意共同說」。依此說則共犯關係，僅得於一個特定犯罪事實之範圍內認定之。

二、行爲共同說　謂二人以上有共同之犯罪行爲，卽爲共犯；至其有無犯意聯絡，在所不問。此說以犯罪行爲乃行爲者反社會性之徵表，卽以此爲觀察基礎，又稱「主觀說」；又因其不以具有同一之犯意爲必要，又稱「事實共同說」。依此說則對於一定犯罪事實之發生，不問其居於獨立或非獨立地位者，皆爲正犯。

夫刑法上之所謂行爲，並非單純概念之行爲，旣應受有意識之心理狀態所支配；且受構成要件類型之限制，故以上二說皆不能擇一據爲「共同犯罪」之基本，故立法例上多有採折衷說者，卽以犯罪共同說爲原則；行爲共同說爲例外，本法採之。

刑法理論中客觀主義與主觀主義之爭，亦影響於共犯可罰性之基礎。而共同正犯爲分擔犯罪之實行行爲者，皆具有可罰性，無可研討者；惟狹義共犯者（敎唆犯、幫助犯）之行爲，是否皆爲構成要件之實行行爲，卽其可罰性如何，則理論各殊。玆舉述如次：

一、共犯從屬性說　謂對於一定犯罪事實之發生，居於主要地位者爲正犯，犯罪之實行，由正犯爲之；狹義共犯乃對於正犯之加功犯，卽以他人犯罪爲條件而成立之犯罪也，又稱「從屬犯」。故狹義共犯之犯罪性及可罰性，皆自正犯傳來者也。而正犯行爲須具備何種程度之犯罪要件，狹義共犯始得從屬於正犯而成立犯罪，則又不一其說，分述如次：

甲、最小限從屬形式　卽正犯行爲具備構成要件合致性卽足。

乙、限制從屬形式　卽正犯行爲須具有構成要件合致性及違法性。

丙、極端從屬形式　卽正犯行爲須具備構成要件合致性、違法性及有責性。

丁、最極端從屬形式　卽正犯行爲除須具備完全犯罪性外；凡因正犯身分所具有之刑罰加減或免除之事由，亦對於狹義共犯有影響力。

共犯從屬性說爲客觀主義者所主張，通常皆採極端從屬形式；現多改採限制從屬形式，所以彌補間接正犯之缺憾也。

二、共犯獨立性說　主觀論者以犯罪爲反社會性之徵表，因而狹義共犯之行爲，既所以表現行爲者之反社會性，且對結果有原因力，卽爲犯罪之實行行爲，故爲獨立之犯罪。其利用正犯之實行行爲而及其影響於犯罪之完成，不過爲其行爲與結果間之因果過程而已。此說不承認狹義共犯爲從屬性犯罪；而以之爲狹義共犯本身之固有犯罪，故又稱「共犯固有犯罪說」。

本法於敎唆犯採共犯獨立性說；於幫助犯採共犯從屬性說，則採折衷之見解也。

第二　共犯之分類

自學術之觀點言，共犯得分類如次：

一、廣義共犯與狹義共犯　前者指共同正犯、敎唆犯及幫助犯而言；後者則專指敎唆犯與幫助犯而言。

二、必要共犯與任意共犯　前者謂以二人以上共同實施爲犯罪成立要件者，如聚衆妨害公務、賭博、輪姦等罪之行爲者是。後者謂原爲一人可犯之罪，而由二人以上犯之者，如放火、殺人等罪是。通稱之共犯，乃指任意共犯也。

三、對合共犯與集合共犯　前者謂行爲者互以對方爲對象，對於同一事實爲相對之行爲，而各別成立犯罪者，如賄賂罪、重婚罪等之行爲人是，又稱「對行犯」。然此等犯罪在實質上並非共犯也。後者謂各人集合而犯同一之罪名也，如內亂罪之首謀與實行者不同科（一〇〇1），故亦爲刑法分則之獨立犯罪，因而又稱「共行犯」。

四、有形共犯與無形共犯　前者謂直接實施構成犯罪事實之行爲，而參與共同犯罪也，如共同正犯、被敎唆之正犯等是；後者謂不直接參與實施犯罪之行爲，而啓發或助成他人之犯罪者也，如敎唆犯及幫助犯是。

五、事前共犯與事中共犯　前者謂在他人實施犯罪之前，對之爲敎唆或幫助者也；後者謂於他人實施犯罪之際，予以幫助者也。至於他人已完成犯罪之後，而予以助力者，因其與已完成之犯罪無影響，故不認爲事後共犯，惟其行爲如具備構成要件合致性，有時得成立獨立之犯罪，如藏匿人犯罪、贓物罪等是。

依實定法之規定，則得分爲共同正犯、敎唆犯與幫助犯，玆分述如次。

一 共同正犯

共同正犯者，二人以上共同實施犯罪行爲也（二八）。其要件有三：

一、須有二人以上共同犯罪 謂必須有二以上有責任能力之自然人共同實施犯罪，始有共犯之可言。然無爲單獨正犯之資格者，非無爲共同正犯之資格，例如婦女固不得爲强姦罪之單獨正犯，然可爲强姦罪之共同正犯者是（29上二四二六）。

二、須有共同犯罪之意思 謂二以上之人互相認識他方之行爲，而有互相利用他方行爲以完成犯罪之意思，始爲共同正犯也。否則，其僅有共同行爲者，爲同時犯；其認識他方之犯罪行爲，而予以單方之幫助，對方並不知情者，則爲片面幫助犯；其利用他人無責任行爲以實現犯罪者，則爲間接正犯，均非共同正犯也。

三、須有共同實施犯罪之行爲 謂二人以上就同一犯罪分擔其實施之行爲也。所謂「實施」係指犯罪事實之結果，直接由其所發生，別乎敎唆或幫助者而言；即未着手實行前犯陰謀、預備等罪，如有共同實施情形，亦爲共同正犯也（參照院二四〇四）。至於所分擔之犯罪行爲與其他共犯之行爲，種類是否相同，爲犯罪行爲之全部或一部，在所不問。

共同正犯得分類如次：

一、**共謀共同正犯**　謂二人以上在實行犯罪之前有共謀，其中任何一人實行共謀之行爲，共謀者全體皆爲共同正犯，爲共同意思主體說者所主張。依本法之精神觀之，不宜認之爲共同正犯也。

二、**偶然共同正犯**　謂二人以上在實施犯罪行爲之際，偶然發生意思之聯絡，邇後即共犯實施行爲也，例如甲乙各以單獨强盜之意思，分別侵入丙宅，對丙脅迫之際，相互認識對方之爲罪意思，乃協同强取丙之財物是（30上八七〇）。

三、**繼承共同正犯**　謂共同行爲者中之一人，已終了一部分實行行爲之後，與他人間發生意思聯絡，以後即共同爲實行行爲也。例如甲以强盜之意思抑制丙之反抗後，告乙以强盜之意思，即與乙共同强取丙之財物者是。通說以乙祇能對與甲發生犯意聯絡後之共同行爲，負共同正犯之責。

二　教唆犯

敎唆犯者，謂對於有責任能力之特定人，於其無犯意或犯意尚未確定之際，使之發生犯罪決心也。敎唆他人犯罪者爲敎唆人；受敎唆者爲被敎唆人。主客觀說者以爲敎唆乃使他人發生犯罪之決心，並進而實行其所敎唆之犯罪，則敎唆之者，始爲敎唆犯。主主觀說者，則以爲敎唆乃使有犯罪能力之他人，發生實行一定犯罪之決意，至被敎唆者之是否出於實行行爲，於敎唆犯之成立無關。本法採之。

依本法規定，敎唆他人犯罪者爲敎唆犯（二九1），乃以之爲獨立犯罪，其要件如次：

一、須有敎唆他人犯罪之故意　如因過失而促起他人犯罪之決心，則不能成立敎唆犯；但客觀說者主張有過失共犯，爲本法所不採。

二、須有敎唆他人犯罪之行爲　謂使他人發生犯罪決心之動作也。敎唆行爲一經終了，敎唆犯卽行成立；至於被敎唆人是否聽從實行，於敎唆犯之成立無關。敎唆之方法，並無限制，凡可達敎唆之目的者，均包括之；惟其敎唆行爲如使被敎唆人，喪失其自由意志時，斯爲間接正犯，而非敎唆犯矣。

三、被敎唆者須有責任能力　被敎唆者如無責任能力，或對其行爲無犯罪之認識，則無異敎唆者自爲其行爲，應論爲間接正犯，而非敎唆犯也。

四、須對於無犯意或犯意未確定之人爲之　被敎唆者如已有犯罪決心，而後予以指導者，則爲幫助他人犯罪，應爲幫助犯，而非敎唆犯；若對於犯意已確定之人，提出共同犯罪計劃，經他人協議實施者，是爲陰謀，亦非敎唆。

五、須對於特定人爲之　特定人謂一定之人也，不以一人爲限，卽對於固定之多數人爲之，亦不失爲敎唆；然若對於不特定之人，廣汎唆使實施犯罪行爲，則爲煽惑他人犯罪（一五三），而非敎唆矣。

敎唆犯得分類如次：

一、**直接敎唆與間接敎唆**　前者謂直接敎唆被敎唆者實施犯罪也。後者謂敎唆者敎唆被敎唆人，使之轉行敎唆他人犯罪也。

二、**敎唆之未遂與未遂之敎唆**　前者謂敎唆者已着手實行敎唆行爲，或實行終了而未生預期之結果也。共犯從屬性說者以爲正犯既未臻於犯罪，敎唆者即不成立犯罪，更何有於敎唆之未遂，故主張否定說。共犯獨立性說者則主張肯定說，認敎唆行爲本身有未遂，本法採之（二九3）。後者謂敎唆者預知被敎唆者之行爲不致發生結果，或以阻止其發生結果之意思，而爲敎唆行爲也，例如甲明知丙家保險箱中，現無財物，而敎唆乙前往竊取者是。本法亦以之爲敎唆犯處罰之（二九2 3）。

三　從　犯

從犯者，謂於有責任能力人實施犯罪之前或實行犯罪之際，故意予以幫助之行爲者也（三〇）。共犯獨立性說者，雖以從犯爲獨立之犯罪；然從犯以幫助他人犯罪爲目的，在主觀上之反社會性程度既輕，且所參與者爲構成要件以外之行爲，其從屬性亦甚顯然，故本法採從屬性說，以之爲從屬性之犯罪也。

從犯之要件，分述如次：

一、須別有正犯　從犯既爲從屬性之犯罪，則無實施犯罪行爲之正犯，卽無所謂從犯。惟如幫助無責任能力者之犯罪，無異幫助者自爲其行爲，應成立間接正犯，而非從犯。

二、須有幫助他人犯罪之故意　卽行爲人須認識正犯有犯罪之決心或行爲，並認識自己之行爲爲幫助，而希望因自己之幫助，使正犯之實行行爲獲得便宜，復決意加以幫助者，始能成立從犯；其因過失而助成他人之犯罪者，則爲普通之過失犯，非從犯也。從犯祇須有幫助他人犯罪之意思與行爲，卽可從屬於正犯而成立犯罪；至於他人是否知其幫助之情，在所不問。

三、須有幫助他人犯罪之行爲　從犯幫助正犯之方法，並無限制，無論積極的、消極的、有形的或無形的，凡足以便利或援助他人實施犯罪者，皆屬之，如助長其犯罪氣勢，遏制防果條件等是。惟苟以强制之方法，使人達於不得不從之程度，則又爲間接正犯，而非從犯矣。

四、須於他人實施犯罪前或實行中予以幫助　如正犯之行爲業已完成，縱予幫助，亦與犯罪之成立無影響，而應就其具體情形，論爲獨立之犯罪，如湮滅證據罪、贓物罪等是，故本法不承認所謂「事後共犯」。

五、須被幫助人之行爲成立犯罪　從犯之犯罪性與可罰性皆從屬於正犯，如正犯之行爲不成立犯罪，自無從犯之可言也，例如甲誤以己物爲他人之物而竊取之，乙於甲竊物之時予以便利，則甲乙均不成立犯罪也。

從犯得分類如次：

一、**事前從犯與事中從犯**　前者謂於他人實施犯罪之前予以幫助也；後者謂於他人實施犯罪之際予以幫助者也。

二、**一方從犯與間接從犯**　前者謂一方面有幫助他方犯罪之意思，而爲幫助之行爲，不以他方共同知情爲必要者也；後者謂幫助從犯以幫助他人犯罪者也。

共同正犯與從犯之區別，亦即正犯與狹義共犯之區別問題，學說至爲紛歧；本法關於正犯與從犯之區別，以其主觀之犯意與客觀之犯罪行爲爲準，我最高法院刑庭會議之決定（二四、七）如次：

一、以自己犯罪之意思，而參與犯罪構成要件之行爲者，爲正犯。

二、以幫助他人犯罪之意思，而參與犯罪構成要件之行爲者，爲正犯。

三、以幫助他人犯罪之意思而參與，其所參與之行爲，爲犯罪構成要件以外之行爲者，爲從犯。

四、以自己犯罪之意思而參與，其所參與之行爲，爲犯罪構成要件之行爲者，爲正犯。

從犯與敎唆犯之區別有三：前者乃幫助他人實施犯罪行爲者；後者乃使人犯罪者，一也。前者之行爲在他人決意犯罪之後；後者則在他人犯罪決意之前，二也。前者爲從屬於正犯之犯罪；後者則爲獨立之犯罪，三也。

四　間接正犯

間接正犯，謂利用他人無責任行爲，以實現自己所企望之犯罪事實也。主共犯從屬性說者，而採極端從屬形式時，則被利用者如不具備完全之犯罪性，利用之者卽不成立犯罪，而個人權益與法律秩序，均不能獲得保全，殊失事理之平，故客觀主義者遂設定間接正犯制，以濟其窮。主共犯獨立性說者，則以間接正犯之概念，應包括於正犯概念之中，不認有間接正犯之存在。本法於敎唆犯雖採共犯獨立性說；然於從犯則仍採從屬性說，故間接正犯概念，尙非無存在之餘地。

間接正犯之主要態樣，略如次述：

一、被利用者無意識之行爲　例如甲用力推乙，使乙衝撞丙者是（死道具）。

二、被利用者無責任能力　例如使未滿十四歲人竊取他人財物者是。

三、被利用者無故意之行爲　例如利用護士之錯誤，以毒代藥，送與患者服用而殺之者是。

四、被利用者之行爲欠缺規範要素　例如長官利用部屬絕對服從之義務，使之實行犯罪者是。

五、被利用者之行為欠缺違法性　例如甲欲殺乙之犬，嗾使該犬咬丙，利用丙之正當防衛而殺犬者是。

六、利用目的罪中無目的之行為　例如有行使之目的者利用無行使之目的者偽造通貨（無目的而有故意之道具）者是。

七、身分犯中有身分者利用無身分者　例如公務員利用非公務員製作虛偽之公文書（無資格而有故意之道具）者是。

八、身分犯中無身分者利用有身分者之無責任能力或無犯意之行為　例如非公務員使泥醉中之公務員收受賄賂者是。

間接正犯之着手時期，通說以利用者開始利用被利用者時為準。

第三　共犯與身分

犯罪以不受身分之影響為原則；然法律上亦有以一定身分或特定關係，為犯罪之構成要件者，謂之「身分犯」，則例外也。刑法上之身分，乃汎稱犯人關於一定犯罪之人的關係及特殊地位或狀態而言，此種地位或狀態之形成，或基於自然關係；或源於法令或契約；或來自血緣關係，不一而足，要皆於犯罪之成否與刑罰之輕重，有所影響。依本法規定：「因身分或其他特定關係成立之罪，其共同實施或教唆、幫助者，雖無特定關係，仍以共犯論。」（三一1）所謂因身分或其他特定關係成立之罪，乃指身分犯而言，其無此身分者即不得成立之犯罪也；其無身分者加功於身犯時，則論爲共犯，例如非公務員與公務員共同收受賄賂時，非公務員爲收受賄賂罪之共同正犯也。至於「因身分而刑有重輕或免除時，無身分者科以通常之刑。」（三一2）此項之身分或特定關係僅有變更刑罰之作用；其無此特定身分者所爲之行爲，仍得獨立成罪，與前項無身分者之行爲，不能獨立成罪者不同也，故應依身分之有無，而分別科刑，例如乙加功於甲之殺父行爲，甲應依第二七二條論科，乙則依第二七一條論科是也。

第四　共犯之責任

共犯之責任，得自各種角度觀察之，分述如次：

一、共犯之處罰　共犯既有共同之犯意，對共同犯意所實現之結果，應同負其責，是爲原則。然因其態樣不同，處罰亦異，茲分別述之：

甲、共同正犯　就共同犯意所支配之行爲而生之結果，以適用同一法條科以相同之刑爲原則；惟：

子、與量刑問題無關，如甲乙共同強盜，甲爲積犯，乙爲初犯，裁判官得在強盜罪之法定刑中，分別宣告不同之刑是。

丑、共同正犯中一人或數人，於共同犯意範圍中獨自爲結果較重之行爲時，其他共犯亦應同負其責。

寅、共同正犯中之一人或數人，於共同犯意範圍外之行爲所生之結果，由行爲者單獨負責。

卯、共同正犯中有一人或數人，有刑罰加減或免除之原因時，其效力不及於其他共犯。

乙、敎唆犯　主共犯從屬性說者以爲敎唆犯應與正犯適用同一法條，科以相同之刑；主共犯獨立性說者以爲敎唆犯應獨立處罰之，本法採之（二九）；然：

子、敎唆犯之行爲終了，理論上卽應爲既遂，而依所敎唆之內容論科；惟本法以之爲過嚴，故例外論爲敎唆未遂（二九3）。

丑、敎唆犯應依正犯之具體態樣處罰之，是爲原則，故正犯未遂（未遂敎唆），則敎唆犯亦應論爲未遂（二九2）。

寅、被敎唆者之行爲超越敎唆範圍時，其超越部分之責任，由被敎唆者自負之。

卯、被敎唆人實現敎唆內容之行爲，因而發生加重結果者，如爲敎唆者所能預見，仍應負責。

丙、從犯　其處罰以正犯爲準，立法例有採必減主義者，有採不減主義者，有採得減主義者，本法採後者（三〇2）。

二、共犯與錯誤　玆分述之：

甲、共同正犯　共同行爲者間之認識有重要之齟齬時，僅在與共同認識相符合之範圍內，成立共同正犯。

乙、敎唆犯與幫助犯　在具體事實錯誤之場合，不阻却敎唆者之故意；抽象事實錯誤在構成要件重合之範圍內，亦不阻却故意，例如甲敎唆乙竊盜，乙實施强盜，甲應負竊盜旣遂之敎唆責任者是。幫助犯亦同。被敎唆人所犯者，較所敎唆者爲輕時，敎唆犯仍依所敎唆之罪，論爲未遂。

三、共犯與未遂　得分述如次：

甲、共同正犯　其中一人或數人因己意中止其實行行爲，且完全阻止其結果發生時，爲中止犯；其未中止者，爲障碍未遂犯。

乙、敎唆犯

子、被敎唆者雖未至犯罪，敎唆犯仍以未遂犯論（二九3）。

丑、被敎唆者因障礙而未遂，如其障碍亦在敎唆者意外時，皆爲障碍未遂。

寅、敎唆犯因己意中止，並有效防止被敎唆者完成其犯罪時，則敎唆者爲中止犯；被敎唆者爲障礙未遂；反之，被敎唆者因己意中止時亦同。

丙、從犯

子、正犯未遂，從犯亦爲未遂。

丑、正犯因己意中止時，爲中止犯；從犯爲障碍未遂犯。

寅、從犯之中止，必須有效防止正犯之實行或發生一定之結果。

四、共犯之競合　分述如次：

甲、敎唆犯與從犯加擔正犯之實行行爲時，敎唆行爲或幫助行爲，爲實行行爲所吸收，成立共同正犯。

乙、敎唆犯又幫助正犯時，仍爲敎唆犯。

第六章　刑罰之基本概念

刑罰謂國家爲制裁私人之犯罪行爲，對犯罪者所加之刑法上效果也。申言之，國家依刑法之規定，爲制裁私人犯罪而施行之剝奪犯人法益之手段，謂之刑罰。析義如次：

一、刑罰之主體爲國家　刑罰爲犯罪之法律上效果，故刑罰爲國家與私人間所成立之法律關係，而刑罰權則專屬於國家。國際間之制裁行爲，私人間之報復行爲，雖亦不無制裁性質；但非國家依據刑法爲之，均不能謂之刑罰。

二、刑罰爲對於犯罪行爲之制裁　制裁違法行爲之方法甚多，然不必皆爲刑罰，如對滯納賦稅者之强制繳納，乃行政制裁；强制債務人履行債務，乃民事上之制裁，均非刑罰。惟對違反刑罰法令構成犯罪行爲之制裁，始得稱爲刑罰也。

三、刑罰乃對犯罪者所加之法律效果　犯罪爲因，刑罰爲果，此爲罪刑法定主義之當然結論。刑止一身，罪不及孥，爲現代適用刑罰之基本原則，而爲責任個別化之應有結果，故犯罪主體始爲受刑罰制裁之人；但特別法亦有例外規定，如舊鑛業法第一一七條之罰及鑛業權人等是。

四、刑罰爲國家剝奪犯人法益之手段　私人權益，本應受法律之保護；惟私人如爲犯罪行爲，則國家即以剝奪其法益以爲制裁之方法，此爲刑罰之形式與實效，所以促其悛改也。

刑罰之實質意義如何，則新舊派學者之意見互殊：應報刑論者，在抽象的個人主義思想之下，理解法律，以刑罰爲對於侵害法律秩序之犯罪之制裁的應報；敎育刑論者，則在社會連帶思想之下，理解個人，把握法律秩序，而以刑罰爲化莠爲良、不再犯罪之敎育方法。關於刑罰之目的與本質，在緖論中業有說明。近代刑事政策重在防衞社會，改善犯人，以爲刑事責任之基本，非客觀之犯罪實害，乃犯人之主觀惡性。故刑罰之終極目的，卽所以消滅犯罪，安定社會，顯由應報思想進而爲教育思想；至予被害人或其家族以精神上之慰籍，不過刑罰之附隨作用而已；其不能藉刑罰之力加以改善之犯罪人，惟有使之與社會永遠隔離。本法精神，尤側重於防衛社會主義與主觀主義之傾向焉。

第七章　刑罰之種類

刑罰依其性質有「主刑」與「從刑」之分（三二）：前者謂得以獨立科處之刑罰，又稱「本刑」；後者謂必須從屬於主刑始得科處之刑罰，又稱「附加刑」。依罪刑法定主義之原則，主刑與從刑均應以明文規定之。本法分主刑爲死刑、無期徒刑、有期徒刑、拘役、罰金等五種（三三）；從刑爲沒收及褫奪公權二種（三四）。又得依其剝奪法益之性質，歸納爲四類，分述如次：

第一　生命刑

生命刑謂國家剝奪犯人生命法益之刑罰也，即死刑。近代刑罰之思想雖趨向於教育刑主義，以矯正消滅犯罪人之反社會性爲主旨；然如犯人惡性甚深，終難感化，爲防衛社會計，則亦惟有使之與社會永遠隔離，以策安全。近代雖有廢止死刑之倡導，而自一般預防之目的言，死刑仍有其實益。本法雖仍保存死刑，但其適用範圍，已大爲縮小，處唯一死刑之罪，僅四種結合犯而已，且於未滿十八歲之少年人與滿八十歲以上之老年人，設有不許處死刑之限制，本刑爲死刑者，亦應減輕其刑（六三1）。但未滿十八歲人犯殺直系血親尊親屬之罪，則基於維護我固有之倫理觀念，仍應處以死刑也（六三2）。此外以死刑爲選擇刑者，尙有十六種犯罪。

我特別刑法中規定絕對死刑之罪，不乏其例；然不過爲防衞社會一時權宜之計，不足以垂諸久遠也。而立法上所規定之絕對死刑，司法上仍得依刑法總則之規定，依其犯罪情狀，酌予減輕也。

第二 自由刑

自由刑謂國家剝奪犯罪人身體自由之刑罰也。近代刑事政策以自由刑爲刑罰之重心，以其具有彈力性，因應犯罪之情節，而爲伸縮，最足以收矯正犯人反社會性之效果，表彰刑罰之功能也。依本法之規定，自由刑有三種，舉述如次：

一 無期徒刑

無期徒刑，謂將惡性重大之犯罪人，終身禁錮於監獄中，而使之與社會隔離之刑罰也，又稱「長期自由刑」。無期徒刑雖爲終身監禁，似與死刑之永遠隔絕者同；然其性質爲剝奪身體自由，且尙可循赦免或假釋之途徑，再入社會，回復其已失之自由，藉以促使犯人悛悔自新，故與死刑迥殊也。近代雖有倡廢止論者，要當視國情決之，今日似尙言之過早也。

本法處唯一無期徒刑者，僅首謀內亂罪一種而已；其餘尚有三十種犯罪，則以無期徒刑為選擇刑。

二　有期徒刑

有期徒刑謂在一定期間內，將犯罪人拘置於監獄內而剝奪其身體自由之刑罰，又稱「短期自由刑」。有期徒刑之最低度為二個月，最高度為十五年；遇有加減時，得加至二十年，減至二月未滿（三三3），裁判官得於此範圍內斟酌罪情，因應適用，以期罰當其罪，而達刑罰之目的。因其便於改善犯人，故適用之範圍最廣，為今日刑罰之重心。

三　拘役

拘役謂於一日以上，二月未滿之期間內，將犯罪人拘置監獄內，剝奪其身體自由，使服勞役之刑罰也。刑法分則中關於拘役雖無高低度之規定，然均不能超過此基本原則；但遇有加重時，得加至四個月（三三4）。其僅加而不言減者，則以自由刑以年、月、日為單位，不以時計算，若減至不滿一日，不予計算也（七二）。

有期徒刑與拘役之區別，不僅在時間之長短；其法律上之效果，亦復不同：前者執行完畢或赦免後，五年內再犯有期徒刑以上之罪者，應依累犯論科；後者則否，一也。受拘役之宣告，而其犯罪之動機在公益或道義上顯可宥恕者，得易以訓誡（四三）；受有期徒刑之宣告者則否，二也。

第三　財產刑

財產刑者，謂國家剝奪犯罪人財產法益之刑罰也。依本法之規定，分爲罰金與沒收，分述如次：

一　罰金

罰金謂國家以裁判、令犯罪人繳納一定金額之刑罰也，爲主刑之一種。刑法總則僅規定罰金之最低額爲一元以上（三三5）；其最高額之規定，則讓諸刑法分則。依刑法分則之規定，其最高額爲一萬元；但加重時，則不以此爲限也（五八）。本法所規定之罰金有四種，列述如左：

一、專科罰金　以罰金爲唯一法定刑者也，如第二五四條等是。

二、選科罰金　以罰金與其他法定刑併列，由裁判官擇一科處者也，如第二三五條一項等是。

三、併科罰金　就法定刑中之各刑，除處其他法定刑外，尚得併處罰金，如第二五九條一項等是。

四、易科罰金　法定最重本刑爲三年以下有期徒刑，而受六月以下有期徒刑之宣告，執行顯有困難者，得易科罰金者也（四一）。

罰金與罰鍰不同：前者爲刑罰；後者爲行政罰，一也。前者得就犯人遺產執行之；後者則否，二也。前者以判決宣告之；後者以命令行之，三也。前者得易科；後者則否，四也。

二　沒收

沒收者謂國家剝奪與犯罪有密切關係之物之所有權，强制收歸國庫之刑罰也，爲從刑之一種。廣義之沒收，謂剝奪犯人財產之全部或大部入官，而不問其是否與犯罪有關也，又稱「全部沒收」或「一般沒收」。近代刑法以其有悖刑止一身之原則，鮮有採行者；我特別法採之（漢奸八Ⅰ、叛亂八Ⅰ、肅諜十二Ⅰ）。狹義沒收，則以剝奪與犯罪有密切關係之法定物入官也，又稱「限制沒收」或「特別沒收」，各國均採行之。依本法之規定，沒收物有三種（三八Ⅰ），分述如次：

一、**違禁物**　法令禁止私人製造、販賣、運輸、持有或行使之物，如爆裂物、軍用槍砲、子彈、鴉片、嗎啡及其代用品，或僞造、變造之通用幣劵等是。所以維護社會之安寧秩序與善良風俗也。

二、**供犯罪所用或供犯罪預備之物**　前者卽犯人用以完成犯罪之工具也，如以殺人之刀是。後者爲欲實施犯罪而特置或保有之物，如欲毒人而置備之毒藥是。然置備在前而犯時未用者，仍非供犯罪預備之物。又供犯罪預備之物之得沒收，須法有處罰預備犯之規定者始可，故諭知無罪者，不得單獨宣告沒收。牽連犯之牽連行為，均屬犯罪行為，其輕罪所用之物，仍係供犯罪所用之物，自可予以沒收。供犯罪所用者為主物，其從物亦得沒收之，如刀與刀鞘是。

三、因犯罪所得之物 卽因犯人實施犯罪而直接取得或占有之物，如强盜所得之贓物是。

本法所規定之沒收有三種：

一、附科沒收 從屬於主刑而科之沒收也，如殺人之兇刀是。

二、專科沒收 主刑已依法免除，而專科從刑也（三九），如甲因防衛過當而殺人，雖得免除其刑（二三但），而其用以殺人之刀，仍得沒收也。

三、獨立沒收 犯罪雖不成立，或不能發現犯罪人，而對於違禁物可以獨立宣告沒收也。但特別法中亦有不限於違禁物，對於犯人之財產亦得單獨宣告沒收者（叛亂八1、肅諜十二1等），則例外也。

沒收物之範圍，依文理言，應兼指動產與不動產；惟實務上則以動產為限（院五七四）；然特別法上應沒收之「財產」（叛亂八1、肅諜十二1、漢奸八1等），則均包括動產與不動產在內也。沒收者應以現存之原物為限，原物如已改變，卽不得沒收，是為原則，如犯人將犯罪所得之物出售，變為金錢，其金錢卽與犯罪無直接關係，卽不得沒收之；惟法有特別規定(三四九2

）及「追徵」（一二一2、一二二4、一三一2）、「追繳」（舊貪汚八1）之規定者，則應從其規定，是又例外也。至於沒收之物不以已經扣押者爲限；且應否扣押，亦不限於扣押後，始得審究。

沒收所以補主刑之不足，並防止再犯，故應於裁判時與主刑併宣告之（四〇）。關於違禁物不問屬於犯人與否，均應沒收；至於供犯罪所用或供犯罪預備之物及因犯罪所得之物，則以屬於犯人者爲限，始得沒收，其有特別規定者，雖不屬於犯人所有，亦應强行沒收之（三十八2 3、二〇〇、二〇五、二〇九、二一九、二六五、二六六2），則例外也。

第四　資格刑

資格刑謂國家剝奪犯罪人在公法上享有一定權利之資格之刑罰，爲從刑之一種。喪失公法上之一定資格，即喪失公法上一定之權利能力，亦即喪失享有一定榮譽之資格也，故又稱「權利刑」、「能力刑」或「名譽刑」，其效果之重要，不亞於主刑也。資格刑應於裁判時與主刑併宣告之（三七3）；然主刑依法免除時，則仍得專科褫奪公權。主刑已宣告而未執行者，則公權之褫奪，亦應暫緩，如緩刑者是。依本法之規定，褫奪公權應褫奪左列資格（三六）：

一、爲公務員資格。

二、公職侯選人之資格。

三、行使選擧、罷免、創制、複決四權之資格。

褫奪公權有二種，分述如次：

一、**終身褫奪** 對於宣告死刑或無期徒刑者，應宣告褫奪公權終身（三七1），採强行主義，裁判官無審酌之餘地，併自裁判確定時發生效力。宣告死刑或無期徒刑之犯人，尚有藉赦免或假釋而出獄之機會，故宣告終身褫奪公權，自有其實益；如在赦免或假釋後，認爲無庸終身褫奪時，必須經政府明令復權，始得回復其公權。

二、**定期褫奪** 宣告六月以上有期徒刑，依犯罪之性質，認爲有褫奪公權之必要者，宣告褫奪公權一年以上，十年以下（三七2），此則由裁判官酌量宣告，採職權主義也。定期褫奪公權，自主刑執行完畢或赦免之日起算（三七4），期間屆滿，即自然回復公權，無須經復權之程序也。

第八章　刑罰之適用與酌科

第一　刑罰之適用

刑罰之適用者，謂國家實行刑罰權之方法也，即對於特定犯罪人之於特定犯罪，應如何科以適當之刑罰，其過程有三，分述如次：

一、**法定刑**　謂法律對於一定犯罪，所抽象規定其應科之刑罰也，卽刑法分則各條所規定之刑罰是。此爲刑罰權在實體法上之基礎。立法例上，有絕對法定主義與相對法定主義之分：前者謂法律對於一定犯罪，規定一定之刑，裁判官無裁量之餘地者，如第二二三條是。後者謂法律對一定犯罪，抽象規定其科刑之種類與範圍，俾裁判官在此範圍內得以選擇伸縮者，如第二七一條等是。夫犯罪情狀萬殊，如必求其一罪一刑，雖可避免擅斷之弊，但爲事所難能，苟有遺漏，又失論科之依據。故現代刑法多採相對法定主義　冄切實際，本法採之。

二、**處斷刑**　謂在具體刑事事件中，依法定事由修正法定刑，而以裁判決定賦予被告人之刑罰也。刑法總則中規定修正法定刑之事由、方法及順序，如刑之酌科、數罪併罰、處斷上一罪、刑之加減與免除、累犯等是。刑法分則中關於刑之加減或免除之規定亦屬之。

三、**宣告刑**　謂裁判官就具體事件，在處斷刑範圍內所具體量定，而宣告賦科犯罪者之刑罰也。立法例有絕對決定主義與相對決定主義之分：前者謂裁判官對於一定犯罪，宣告固定之刑，以爲執行之準據；後者則宣告有起訖期間之刑，視其執行之情狀，得以隨時釋放者也。本法採絕對決定主義；於保安處分則採相對決定主義。

第二　刑罰之酌科

近代刑法之立法原則，大抵採用相對法定刑主義與絕對宣告刑主義，其目的在求罰當其罪，並以發揚敎育刑之精神。然犯罪情狀，複雜萬端，如何始足以審酌至當，各國多有審酌標準與伸縮範圍之規定，卽刑之酌科與加減是也。刑之酌科卽量刑之準繩也，依本法之規定（五七），有如次述：

一、犯罪之動機　卽構成犯意之原因，如殺人之動機，或出復仇，或緣謀財等是。

二、犯罪之目的　卽犯罪之企圖，如爲供揮霍而竊盜者是。

三、犯罪時所受之刺激　卽犯罪時所受之鼓動或感觸，如激於義憤而殺人者是。

四、犯罪之手段　卽犯罪所使用之方法，如以殘忍之方法殺人者是。

五、犯人之生活狀況　卽犯人之日常生活情形，如富裕、失業等是。

六、犯人之品行　卽犯人之品德與素行，如素行溫和，偶然傷人者是。

七、犯人之智識程度　卽犯人辨別是非與理解事理之能力與程度，如知法者犯法是。

八、犯人與被害人平日之關係　卽犯人與被害人平時之情感及其他相互之關係，如夙有恩怨，或誼屬親友等是。

九、犯罪所生之危險或損害　卽犯罪行爲對外界所生影響之程度。

十、犯罪後之態度　如怙惡不悛等是。

科刑時應審酌之事項，固非列舉所能盡，以上所述，爲科刑時尤應注意者而已。其中除第九項外，皆充分表現主觀主義及防衞社會之精神。此外如犯人之職業、年齡、身分、共犯之人數等，苟足爲科刑輕重之準據者，量刑時亦應斟酌，以期裁判之確當。量科罰金時，除注意上述之標準外；尙須特別注意犯人之資力與因犯罪所得之利益，如因犯罪所得之利益超過罰金最多額時，得於所得利益之範圍內，酌量加重（五八），則不受分則罰金額之限制也。

第三　刑罰之重輕

刑罰重輕之順序如次（三五）：

一、主刑單位以死刑爲最重，其次無期徒刑，其次有期徒刑，其次拘役，罰金爲最輕。

二、同種之刑，以高度之較長或較多者爲重；最高度相等者，以最低度之較長或較多者爲重。所謂同種之刑，指有期徒刑與罰金而言，死刑與無期徒刑無高低度，故不包含在內。較長指徒刑期間之長短而言；較多則指罰金額之多寡而言。拘役之最高度與最低度，均規定於總則之中，而無高低度較長之可言，故事實上亦不包含在內也。

三、除前兩項規定外，參酌前兩項標準定之；不能依前兩項標準定之者，依犯罪情節定之。例如死刑與「死刑或無期徒刑」比較，或無期徒刑與「無期徒刑或有期徒刑」比較，均以前者爲重。若各刑之最低度與最高度完全相等，或更有不能以前二項標準定其重輕者，則依犯罪情節定之，如同一併科罰金，則必科者之犯罪情節較得併科者爲重；如同處一年以上七年以下有期徒刑者，則應從行爲人所決意完成之罪處斷。從刑與主刑或從刑與從刑間均無重輕，故不予比較。

第九章　刑罰之加重與減免

第一　刑罰之加重與減輕

犯罪情狀，極爲複雜，法定刑範圍雖寬，欲求罰當其罪，亦感難週，故於徒刑之法定範圍以外，謀伸縮因應之道，藉資貫徹刑法之使命。關於刑罰之加減與免除，立法例上有二種主義：一爲法定主義，即刑罰之加減或免除之原因，以法律規定之，不准裁判官自由裁量者也，如累犯之加重（四七），中止犯之減輕或免除（二七）等是。二爲職權主義，即法律賦予裁判官以自由裁量之權者也，如第五八條、第五九條、第六一條之規定等是。刑罰之加減以主刑爲限；從刑不與焉。

一、刑罰之加重　可分爲：

甲、法律上之加重　裁判官量刑時，應基於法定原因而爲加重之宣告也。又分爲：

子、一般加重　卽基於刑法總則所規定之原因，而爲加重其刑之宣告，適用於具備此項條件之任何犯罪，如累犯（四七）、連續犯等之加重是。

丑、特別加重　卽基於刑法分則之規定，對於特定犯罪，加重其刑也。有因犯人之身分而加重者（如一三四、二三一、二六四、二七〇等）、有因被害人之身分而加重者（如二五〇、二七二、二八〇、二九五等）。特別加重之罪如仍具一般加重之條件，仍應再加重之。

乙、裁判上之加重　裁判官斟酌犯罪之具體情形，依其職權，根據法律規定，於法定刑範圍外加重其刑也。本法僅限於財產刑有其適用（五八）。

二、刑罰之減輕　可分爲：

甲、法律上之減輕　裁判官量刑時，基於法定原因，而減輕其刑也。又可分爲：

子、一般減輕　卽基於刑法總則規定之原因，而爲減輕其刑之宣告，適用於具備此項條件之任何犯罪。其依法「必減」者，則裁判官卽無審酌餘地，又稱「絕對減輕主義」，如第二六條但書，第二七條、第六二條前段、第六三條一項後段等是。其得由裁判官依職權裁量者爲「得減」，又稱「相對減輕主義」，如第十八條二、三項、第十九條二項、第二〇條二項等是。

丑、特別減輕　即基於刑法分則之規定，對於特定之罪，減輕其刑也，亦有必減與得減之分：如第一〇二條第一二二條三項、第一六六條、第一六七條、第二四四條、第三〇一條等是。

乙、裁判上之減輕　裁判官斟酌犯罪之具體情形，依其職權，根據法律規定，於法定刑範圍外，減輕其刑也，如第五九條、第六〇條之規定是。

第二　自首

自首者，謂犯罪人向該管公務員告知自己尚未被發覺之犯罪行爲，而接受裁判也，爲刑罰必減事由之一。其要件如次：

一、**須報告自己之犯罪**　被告人告知他人犯罪爲告訴；第三人告知他人犯罪爲告發，均非自首。

二、**須告知尚未發覺之犯罪**　即該管公署或公務員尚未知悉之犯罪事實，或雖已知悉而尚未知孰爲犯人，均爲未經發覺之犯罪。如於犯罪已發後到案陳明者，則爲自白，而非自首。

三、須向該管公署或公務員爲之　即有權偵查犯罪之公署或公務員也，如法院、檢察處、檢察官、司法警察官等是。向其他機關自首，經移送偵查機關，或委託他人報案，亦有自首效力。

四、須自動接受裁判　犯罪人處於可得接受裁判之狀態，即得謂之自首，初不限於親身投案也。

上述要件，缺一不可。至於自首方法，則無限制，以書狀、言詞或委人爲之，均無不可。自首以告知犯罪事實爲已足，並不以與事實完全相符爲必要；惟其效力僅及於所首之罪，不及於他罪，然連續犯則因法律上視爲一罪，故雖自首其一部之行爲，仍以全部自首論。本法於自首採必減主義（六二），所以開犯人自新之路，而省偵查之勞費，並免累及無辜也。其所減輕者以實際應負之罪責爲準，與其自陳之罪名無關。自首減刑爲一般原則，其有特別規定者（一〇二、一二二3、一五四2），自應依其規定。

第三　刑罰之免除

刑罰之免除，謂裁判官對已經成立之犯罪，依法律或職權免除其刑也。可分爲：

一、法律上之免除 裁判官量刑時，應基於法定原因而免除其刑也。可分為：

甲、一般免除 即基於刑法總則所定之原因，免除其刑。又分為「或免」與「得免」，前者謂法律規定減輕或免除，由裁判官擇一適用，如第二六條但書、第二七條等規定是。後者則由法律賦予裁判官以酌量是否免除之權，如第九條但書、第十六條等規定是。

乙、特別免除 即基於刑法分則之規定，對特定犯罪適用之免除，亦有「必免」（二八八3）、「或免」（一〇二、一二三3但、一五三2、一六六等）與「得免」（二七五3、三二四1、三三八、三四三、三五一等）之分。

二、裁判上之免除 裁判官斟酌犯罪之具體情形，依其職權，根據法律規定，而為免除其刑之宣告。此種免除本法僅以第九條、第十六條及第六十一條之情形為限；惟依第六十一條所為之免除，須依第五十九條減輕其刑仍嫌過重時，始得為之。

第四 刑罰之加減例

刑罰之加減例者，即關於主刑之加重或減輕之程度、順序及計算方法之法定準則也。從刑不得加減，故不適用之。分述如次：

一、加重例

甲、死刑不得加重（六四1）。

乙、無期徒刑不得加重（六五1）。其上雖尚有死刑，然加重之結果，不能變更刑罰之本質，故無可再加。

丙、有期徒刑之加重，其最高度與最低度同加之。有期徒刑加重之方法有二：即專加重最高度與高低同時加重，本法採後者（六七）。

丁、拘役或罰金加重者，僅加重其最高度（六八）。蓋其最低度或爲一日，或爲一元，加重至不滿一日或一元，依法不予計算也（七二）。

戊、拘役加重時，最高不得逾四個月（四一6），其性質仍爲拘役，而非徒刑。

己、有二種以上之主刑者，併加重之（七〇）。惟罰金依第五八條加重時，因其爲裁量加重，而非法定之一般加重原因，故不及於其他之選科或併科刑。

庚、有二種以上刑之加重者，遞加之（七〇）。有二種以上主刑之加重，其方法有二；即「通加」與「遞加」，前者不問加重之次數，均以法定刑爲加重之基數；後者則先就法定刑加重後，再以加成之數爲基數，逐次加重也，本法採之。

二、減輕例

甲、死刑減輕者為無期徒刑，或十五年以下十二年以上有期徒刑（六四2）。

乙、無期徒刑減輕者為七年以上有期徒刑（六五2）。

丙、有期徒刑、拘役、罰金減輕其刑者，減輕至二分之一；但同時有免除其刑之規定者，其減輕得減至三分之二（六六）。

丁、有期徒刑雖減至二月未滿，性質上仍為徒刑，而非拘役。

戊、有期徒刑減輕者，其最高度與最低度同減之（六七）。

己、拘役或罰金減輕者，僅減輕最高度（六八）。

庚、有二種以上之主刑減輕時，併減之（六九）。

辛、有二種以上刑之減輕者，遞減之（七〇）。

三、加減競合例　即對於同一犯罪，而有加重與減輕事由同時存在時之處理準則也。依本法之規定，其情形如次：

甲、刑有加重及減輕者，先加後減（七一1）。主刑為有期徒刑、拘役或罰金者，其加減先後之次序，雖與結果無關；如為死刑或無期徒刑時，則其結果有殊，故明文定其次序。

乙、有二種以上之減輕者，先依較少之數減輕之（七一2），其理由同前。

四、酌減之標準及方法　酌減爲裁判上之減輕；減輕爲法律上之減輕，性質不同。本法第六四條至第七二條，均爲法律減輕而設，但酌減準用之（七三）。加減後不滿一日之時間或一元之額數不算（七二）；但在減輕之際，不可因零數不算，誤爲可以減盡不科，如其最低之一日或一元，倘非依法免除，即仍應予以保留也。

第十章　刑之易科

刑之易科者，確定裁判所宣告較輕之刑，因具備特定原因，不執行其宣告刑，而代以他刑或處分，其原宣告之刑，視爲已執行也。刑之易科有三，分述如次：

一、易科罰金　犯最重本刑爲三年以下有期徒刑以下之刑之罪，而受六月以下有期徒刑或拘役之宣告，因身體、教育、職業或家庭之關係，執行顯有困難者，得以一元以上三元以下折算一日，易科罰金（四一），以濟短期自由刑之弊。易科罰金執行完畢，即以已受所宣告之有期徒刑之執行論（四四）。故如五年以內再犯有期徒刑以上之刑之罪者，仍應依累犯論科也（四七）。

二、易服勞役　即被科處罰金之受刑人，逾法定期間，無力完納罰金，而以勞役代之也（四二）。易服勞役以一元以上三元以下折算一日，裁判官在此限度內審酌犯人之資力，以定折算一日之數額，其期限不得逾六個月。如罰金總額過鉅，即以三元折算一日，其期限仍逾六個月者，則以罰金總額與六個月之日數比例折算。「六個月之日數」依民法（一二三2）之規定，以三十日爲一個月。科罰金之裁判，應載明折算一日之數額。易服勞役前繳納罰金之一部者，自應以其所欠繳之數額，折算勞役之日期，固不待言；即在其易服勞役期內繳納罰金者，亦應以其所納之數，依裁判所定之標準折算，扣除勞役之日期。易服勞役執行完畢，其所受宣告之刑，以已執行論（四四），即視爲已繳納罰金也，不能視爲執行自由刑，故不能爲累犯之基礎。

三、易以訓誡　受拘役、罰金之宣告，而犯罪動機在公益或道義上顯可宥恕者，得易以訓誡（四三），即以訓誡代拘役或罰金之執行也。易以訓誡應與科刑判決同時諭知，並記載於判決主文（刑訴三〇一4），裁判確定後由檢察官執行之，其方式法無限制，以言詞或書面爲之均可，執行完畢，則其所受宣告之刑，以已執行論（四四）。

第十一章　數罪與併罰

第一　數罪論

犯罪爲具備構成要件合致性之違法、有責行爲，因而同一人之行爲構成一罪或數罪，與刑罰輕重之關係至大。然具體之犯罪事實，態樣萬千，如何確定其爲一罪或數罪，而有罪數問題。學說上決定犯罪單複數之標準，有主觀說與客觀說之分：主觀說者以犯罪爲有責行爲，責任之根據爲犯意，犯意表現於外部爲犯罪，故一個犯意爲一罪，數個犯意爲數罪。又稱「意思說」。主客觀說者之見解，則甚紛歧：其中主行爲說者，以犯罪爲有結果之意思活動——卽行爲，故一個行爲爲一罪，數個行爲爲數罪。法益說者則以犯罪爲侵害法益之行爲，刑法以保護法益爲最大目的，故侵害一個法益者爲一罪，數個法益者爲數罪。又稱「結果說」。關於人格法益如生命、身體、自由、名譽等，則以一個人格爲一個法益；關於財產法益則以監督權之單複爲準；關於公共法益則爲包括的一個法益，如一次誣告數人者，仍爲一個誣告罪是。構成要件說者，則以犯罪爲違反法規之行爲，符合構成要件一次者爲一罪，數次者爲數罪。又稱「構成要件符合次數說」或「法規標準說」。因果關係標準說者，則以因果關係爲重要之犯罪構成要素，有一次因果關係者爲一罪，數次者爲數罪。

夫犯罪爲違法侵害法益之有責的可罰行爲，因其有侵害法益之事實，故不能置行爲與結果於不顧；而行爲乃基於意思發動之身體態度，從而亦不能將意思置之度外。以上諸說皆基於犯罪之部分要素立論，自難允當，故立法例多有採折衷說者，卽視犯罪之性質斟酌之，其標準如次：

一、以一決意爲一行爲，而侵害一法益，合於一個構成要件者，爲單純一罪。

二、以數決意爲數行爲，而侵害數法益，合於數個構成要件者，爲實質之數罪。
三、以一決意爲一行爲，而侵害數法益，觸犯數罪名者，爲想像上之數罪。
四、以一決意犯一罪，而其方法或結果之行爲侵害數法益，而犯他罪名者，爲牽連之數罪。
五、以一決意連續數行爲，侵害一法益或數法益，而犯同一之罪名者，爲連續之數罪。

依本法之規定，罪數問題之特例有：一爲本位一罪，如結合犯是。二爲處斷上一罪，如想像競合犯、牽連犯及連續犯是。三爲包括一罪，如常習犯、常業犯、吸收犯等是。

第二 數罪併罰

數罪併罰，謂同一犯人於裁判確定前犯二以上之罪，分別宣告其罪之刑，而依其所判定之刑，合併定其應執行之刑也（五〇、五一）。關於數罪併罰之範圍，立法例各殊：主裁判宣告主義者，以在裁判宣告前所犯之數罪爲限，始得併罰之，未免過嚴。主執行未完畢主義者，以在執行未終了前所犯之罪，均得併罰，則又失之過寬。主裁判確定主義者，以在裁判確定前所犯之數罪，始得併罰，寬嚴適中，本法採之。是以數罪併罰之要件有二，分述如次：

一、須同一人犯有數罪　即同一人犯有二以上獨立之罪也。數個單純一罪，固爲數罪；即數個處斷上一罪，或吸收犯、結合犯、繼續犯等特種一罪，亦可發生數罪問題。

二、須在裁判確定前犯數罪　即在形式上對該裁判已不得上訴；在實質上對裁判同一內容之事實，已不得再提起公訴或自訴時，該裁判即屬確定。凡在裁判確定前發覺已實施終了之數罪，均得併罰；其在裁判確定後再犯者，依其情節，或累積執行，或屬累犯。

數罪併罰之方法，立法例不一，分述如次：

一、併科主義　即將各罪分別宣告其刑，合併執行之。

二、吸收主義　即就所分別宣告之刑中，擇其最重一罪之刑執行之，其餘輕罪皆爲重罪所吸收，不予執行。

三、限制加重主義　即就所分別宣告之刑，以其中最重之刑爲低度，各罪合併之刑爲高度，於此範圍內決定其執行之刑。

四、折衷主義　即視刑罰之性質，爲分別規定，蓋併用以上三主義之長，而去其短也。又稱「併用主義」，本法採之，故明定(五一)數罪併罰，分別宣告其罪之刑，依左列各款定其應執行者：

一、宣告多數死刑者，執行其一。

二、宣告之最重刑爲死刑者，不執行他刑；但從刑不在此限。

三、宣告多數無期徒刑者，執行其一。

四、宣告之最重刑爲無期徒刑者，不執行他刑；但罰金及從刑不在此限。
五、宣告多數有期徒刑者，於各刑中之最長期以上，各刑合併之刑期以下，定其刑期；但不得逾二十年。
六、宣告多數拘役者，比照前款定其刑期；但不得逾四個月。
七、宣告多數罰金者，於各刑中之最多額以上，各刑合併之金額以下，定其金額。
八、宣告多數褫奪公權者，僅就其中最長期間執行之。
九、宣告多數沒收者，併執行之。
十、依第五款至第九款所定之刑，併執行之。

數罪併罰不以同時受裁判之罪爲限；如於裁判確定後，發覺未經裁判之餘罪時，應就餘罪單獨宣告其刑，再與前罪經裁判確定之刑，依第五十一條之規定，定其應執行之刑；至於已經裁判確定之罪，與未經裁判之餘罪之各爲一罪或數罪，在所不問。數罪經分別裁判而有二以上之科刑裁判，無論其已否確定，或爲一罪或數罪，如有合併處罰之必要時（合於第五一條第十款者，即無必要），亦應依第五一條之規定，定其應執行之刑（五三），由該管檢察官申請該管法院裁定之（刑訴四八一）。

數罪已依併罰之規定處斷，於裁判確定後，尙未執行或執行未完畢時，其中有一罪或數罪受赦免者，餘罪仍依第五一條之規定，定其應執行之刑；如僅餘一罪者，即依其宣告之刑執行之（五四）。至於依法原非數罪併罰者，雖因赦令而分別減刑，仍應合併執行，不生更定其刑問題。

第三　處斷上一罪

處斷上一罪謂一個或數個犯罪行為，依法應成立數個獨立之罪，而由於法律之規定，從一重處斷，或以一罪論也。依本法之規定，分述如次：

一　想像競合犯

想像競合犯謂基於一個意思決定之一個行為，同時發生數結果，觸犯數罪名也（五五前段）。又稱「觀念競合」，或「想像上數罪」、「一所為數結果」。其要件有三：

一、須基於單一行為　即基於一個決意所實施之一個行為。共同正犯在共同意思範圍內所分擔之行為，亦不失為一個行為。

二、須發生數個結果　即一個行為發生侵害數個法益之結果，各具獨立之可罰性也。故數個結果而可認為包括一個法益者，仍為單純一罪，而非想像競合犯。

三、數個結果須觸犯數個罪名　即一行為所誘發之數個結果，必須合於數個構成要件，成立數個罪名；至於罪名之異同，在所不問。

教唆犯與過失犯，亦均可發生想像競合犯問題：前者如甲教唆乙同時同地殺死丙丁兩人者是；後者如甲因駛船過急，將他船之乘客乙丙丁三人撞落江內溺死者是。想像競合犯之處罰，係就所觸犯之數罪名中，從一重罪之刑處斷，以法定刑為比較輕重之標準。縱使數罪中之重罪應行減輕，輕罪無須減輕，減輕以後重罪之刑尚較輕罪為輕，仍依重罪處斷。想像競合犯之所以從一重處斷，而不予數罪併罰者，即因其數罪之間有競合關係也，此為數罪併罰之特例。

想像競合犯，乃數個罪名競合於一個行為之狀態，與法規競合之性質互殊。蓋法規競合乃一個犯罪行為，誘發一個結果，成立一個罪名，而由於法律規定之錯綜複雜，有數項法律，對之競合適用，裁判官祇在相競合之法律中，適用一種相當之法律，斷定為單純一罪也，又稱「法律競合」。想像競合犯與法規競合之區別：前者為一行為發生數結果，成立數罪名；後者為一行為發生一結果，成立一罪名，一也。前者為比較相競合之數罪名，依法從一重罪之刑處斷；後者為比較相競合之數法律，依適用法律原則，擇一適當之法律適用之，二也。前者從一重罪處斷，而不排斥其相競合之輕罪之成立；後者僅適用一種法律，而排斥其他相競合之法律，三也。前者為處刑問題；後者為適用法律問題，四也。

牽連犯者，謂犯一罪而其方法行爲或結果行爲又犯其他罪名。其間有直接密切之牽連關係也（五五後段）。其成立要件如次：

一、須有二以上之可罰行爲　即一方面須有方法或結果之犯罪行爲，他方面須有目的或原因之行爲，此二個以上之犯罪行爲，須各自獨立爲可罰之行爲，且彼此不屬於同一犯罪構成要件要素者也，例如日間侵入住宅而實施强盜之行爲者是。

二、二以上之行爲相互間須有牽連關係　即犯罪之方法行爲不屬於目的犯罪之法定構成要件，而爲目的犯罪之通常方法行爲；犯罪之結果行爲，不包括於原因行爲構成概念之中，而爲其通常之結果行爲也。簡言之，二行爲之間，不但在意思上有聯絡關係；且在客觀上各爲獨立之犯罪，其相互間有直接之牽連關係也。

三、二以上之行爲須觸犯不同之罪名　謂構成要件與所侵害之法益，皆不相同也，此爲牽連犯之特質。

牽連犯至少以觸犯二個罪名爲單位，若以結果行爲爲方法，更犯其他罪名者，亦不失爲牽連犯，如先則僞造文書（方法行爲），繼則行使僞造文書（結果行爲，又用爲方法），最後乃詐取他人財物（最終之結果）者，亦牽連犯也。牽連犯之各行爲跨於新舊兩法時期，其從重處處斷者如爲結果行爲，而成立於新法時期，自應適用新法；如從重處斷者爲方法行爲，且實行於舊法時期，而舊法又較新法爲有利時，則又應適用舊法也。牽連犯之各行爲有一在民國領域內者，仍應認爲在我國領域內犯罪（四）。牽連犯之數罪因有相牽連之關係，存於其間，故不依數罪併罰之例處斷，自無庸分別宣告其刑；而應比較其法定主刑，從一重處斷，是爲數罪併罰之變例。然處斷之際，輕罪亦非置諸不問，其輕罪有應沒收者，應併予宣告。牽連犯各罪中如有經赦免者，其效力不及於餘罪。

三 連續犯

連續犯謂行爲者基於概括之單一犯意，反覆爲數個可以獨立致罪之行爲，而犯同一之罪名也（五六）。連續犯有數個行爲，發生數個結果，原爲事實上數罪；法律上不依數罪併罰之例處斷，而論爲一罪者，以其基於一個概括犯意而反覆爲之，仍成立一罪名，爲訴訟經濟計，而擬制爲一罪，亦特例也。其成立之要件如次：

一、**須基於連續之單一犯罪決意** 即在犯罪終了之前，其所爲之數個可以獨立成罪之行爲，皆繼續其初發之概括的一個意思，進行預定之一個計劃也。如行爲人於犯罪繼續中，另生新犯意，縱使仍犯相同之罪，亦爲實質上數罪，應依數罪併罰之例處斷，而非連續犯也。

二、**須連續數個可以獨立致罪之同種或類似行爲** 連續犯以有數個獨立行爲爲前提，其數個行爲且須獨立成罪，在主觀之犯意與客觀之行爲，均相互連續者始可。連續犯之各行爲中，縱有既遂、未遂之分，或刑罰有輕重之別，法律上既綜合各個行為而祇論為一罪，自應從既遂或較重之行為論科。行為人基於一個概括犯意，實施一個概括行為，復分別為數個獨立之犯行者，仍為連續犯，如甲一次購入鴉片數兩，復零星出售，仍應論以販賣鴉片之連續犯。

三、須犯同一之罪名　同一之罪謂性質相同之罪也，不以罪名相同為必要；各罪之刑度是否相同，亦所無關。連續數行為而犯同一性質之罪名，縱使涉及數個法條，其較輕之罪名，在法律上既已包括於重罪之內，自應就其較重者以連續犯論。

連續犯以一貫之犯意，反覆為數個可以獨立致罪之行為，其惡性甚大，科以通常之刑，不足以收懲儆之效，故得加重其本刑至二分之一（五六）；惟所謂至二分之一者，謂最高以加重至二分之一為限，若斟酌情形，加重低於二分之一時，自屬合法。

第十二章　刑罰之執行

第一　刑罰之執行

科刑裁判所宣告之刑罰，因執行而成為現實之刑罰。然科刑裁判有時不得執行（刑訴四六〇），故刑期應於裁判確定之日起算（四五），其執行以由檢察官指揮為原則（刑訴四六一１）。

關於刑之執行，除刑事訴訟法設有規定（四六〇至四九〇）外；尙有監獄行刑法及行刑累進處遇條例等可循。玆就刑法立場，略述如次：

一、死刑之執行 執行死刑之目的，在於隔離，不事嚇阻，故採密行主義。諭知死刑之判決確定後，檢察官應速將該案卷宗送交司法行政最高官署，經令准後，於令到三日內執行之。其執行在監獄內，用電或絞，未設電機或絞機者，得用槍斃，其執行規則，均由司法行政部定之。

二、自由刑之執行 徒刑、拘役之執行，以使受刑人悛悔向上，適於社會生活爲目的（行刑一），除別有規定外，於監獄中執行之。並令服勞役，所以敎育之也。拘禁之方法，有獨居制、雜居制、累進制之分，以累進制爲合於敎育刑之要求，我國亦採之。

三、財產刑之執行 罰金、沒收、追徵之裁判，應依檢察官之命令執行之。但罰金於裁判宣告後，如經受裁判人同意，而檢察官不在場者，得由推事當庭指揮執行。檢察官之執行命令與民事執行名義有同一之效力。罰金、沒收及追徵得就受刑人之遺產執行，其執行準用執行民事裁判之規定。

四、權利刑之執行 褫奪公權於裁判確定或主刑執行完畢而生實效，故未規定執行方法。

第二 刑期之起算與羈押之折抵

科刑裁判非經確定，不得執行（刑訴四六〇），故刑期應於裁判確定之日起算（四五）；然如裁判雖經確定，而受刑人並未受拘禁者，則其未受拘禁之日數，自不應算入刑期之內（四五2），則又應自實際執行之日起算也。

受刑人由於偵查或審理上之必要，有於裁判前或裁判確定前受法院之拘押者，往往歷時甚久，雖非刑之執行，而其在拘押期中喪失身體自由，則與執行刑罰無異，如置諸不問，則無異延長其刑期，故有羈押折抵之辦法。立法例對折抵辦法有採法定主義者，即明文規定羈押日數算入刑期之內，或依一定之標準抵免罰金；或採裁判主義，即刑法僅規定羈押日數折抵刑期之標準，而折抵與否，由裁判官審酌之。本法規定：裁判確定前之羈押日數，以一日抵有期徒刑或拘役一日，或第四十二條第四項裁判所定之罰金額數（四六）。羈押如不合法，尤應准其折抵，以重人權；惟所折抵者，僅限於本案之刑期，不得折抵與羈押無關之他案刑期也。至如犯人在外國犯罪，其於引渡前之羈押，因其非基於本國司法權之發動，故不得折抵刑期。

第三　緩刑

緩刑謂法院基於法定之條件，對於犯罪者在一定期間內，緩其刑之宣告或緩其刑之執行之制度也。犯罪者在該一定期間內行狀善良，而未撤銷緩刑時，即不再宣告或執行刑罰，其效力等於未受刑之宣告，所以救濟短期自由刑之弊害也。緩刑之立法例有二：一為緩宣告主義，即對於有悛悔希望之犯罪人，在一定期間內緩其刑之宣告，如在此期間內保持善良行狀，則期間屆滿，毋庸更爲有罪之判決也，又稱「刑罰宣告猶豫主義」。二爲緩執行主義，又稱「執行猶豫主義」，更分爲三：甲、附條件罪刑宣告主義，卽緩刑期滿而未撤銷緩刑時，其罪刑之宣告失效，與自始未受宣告者同。乙、附條件緩執行主義，卽緩刑期間屆滿而未撤銷緩刑時，免其刑之執行，仍保留其宣告刑之效力。丙、附條件赦免主義，卽緩刑期滿未撤銷緩刑時，以特赦免其刑之執行。自刑事政策觀點言之，自以緩宣告主義爲合於敎育刑之要求。

本法採附條件刑罰宣告主義（七四），其成立要件如次：

一、受二年以下有期徒刑、拘役或罰金之宣告　乃專指各別之宣告刑而言；至於法定刑或最重本刑如何，抑爲選科刑或併科刑，均所不問。惟併科刑中之自由刑如宣告緩刑，其併科之罰金刑應一併諭知緩刑。然併科之自由刑有一宣告二年以上者，則皆不得宣告緩刑也。

二、未曾受有期徒刑以上刑之宣告　前曾受有期徒刑以上刑之宣告，縱未執行，而以後再犯時，亦不得宣告緩刑；但曾受拘役或罰金之宣告者，則仍得緩刑也。

三、前受有期徒刑以上刑之宣告執行完畢或赦免後未曾受有期徒刑以上刑之宣告　卽後之犯罪須無成立累犯之條件。實務上以此之所謂「赦免」，宜包括大赦在內。

四、以暫不執行爲當　由裁判官斟酌科刑標準、國家政策、時代思潮、社會背景，愼重考慮之。

緩刑之期間爲二年以上，五年以下，自裁判確定之日起算。在緩刑期間內，除緩刑經撤銷外，其宣告之刑，卽不得執行，亦毋庸命其具保；惟爲防其惡性復萌計，得付保護管束耳（九三）。緩刑之刑，彙括主刑與從刑；在緩刑期內，除別有關於消極資格之限制外，其享有之公權，並無影響。然違禁物仍得單獨沒收之。

緩刑期間而有左列之事由，撤銷其緩刑：

一、緩刑期間內更犯罪受有期徒刑以上刑之宣告　是其人顯屬惡性未泯，已失宣告緩刑之意義，自應撤銷緩刑。

二、緩刑前犯他罪而在緩刑期內受有期徒刑以上刑之宣告　前科如發覺於緩刑之前，自不得宣告緩刑；如發覺於緩刑期內，則其素行不良，自應撤銷其緩刑之宣告。

以上二種事由，有一於此，卽應撤銷緩刑；惟因過失犯之者，則不得撤銷之（七五）。

三、緩刑期間內違反保護管束規則情節重大者　此爲得撤銷之事由（九三），與前二項之應撤銷者不同也。

緩刑宣告撤銷後，卽執行其原所宣告之刑。緩刑之宣告應撤銷者，由受刑人所在地及其最後住所地之地方法院檢察官聲請該法院裁定之（刑訴四八〇）。緩刑期間屆滿，而緩刑之宣告未經撤銷者，則刑之宣告失其效力（七六），與自始未受有罪判決者同，故不能爲累犯加重之基礎。

第四　假釋

假釋謂對於已受徒刑之執行，在執行中確有悛悔實據之受刑人，在一定條件之下，暫停刑之執行，准其出監，在假釋期中無撤銷事由，其未執行之刑，視同執行也（七九）。自由刑之目的，在於改善犯人，受刑人既知悛悔，則科刑之目的已達，殊無繼續執行之必要。故假釋爲促使受刑人勇於向善，並以救濟長期自由刑弊害之優良制度。其成立要件如次：

一、須受徒刑之執行　死刑與罰金在性質上與徒刑不同；拘役期間太短，不能收教育之實效，均無假釋必要。

二、徒刑之執行須逾法定之期間　藉以考察受刑人有無悛悔之實據。本法規定無期徒刑逾十年，有期徒刑執行逾三分之一，且在六個月以上者，始得假釋。二以上徒刑併執行者，最低應執行之期間，合併計算。併執行無期徒刑者，適用無期徒刑假釋之規定；二以上有期徒刑合併刑期逾三十年，而接續執行逾十年者，亦得許假釋。

三、須有悛悔實據　受刑人悔悟前非，有足資證明之確實紀錄（行刑八一２）也。但犯刑法第十六章妨害風化各條之罪者，非經強制診療，不得假釋。

假釋出獄毋庸命犯人具保；惟在假釋期中，應付保護管束（九三）。若於假釋期內復有越軌行為，則其人顯未能眞正改善，自應撤銷其假釋。撤銷假釋之事由如次：

一、在假釋期中因故意更犯罪受有期徒刑以上刑之宣告　此為必撤銷之事由（七八1）；但因過失犯罪者，亦不得撤銷假釋。

二、假釋期中違反保護管束規則情節重大者　此為得撤銷之事由（九三3）。

關於假釋之效力，刑法第七十九條規定：「在無期徒刑假釋後滿十年，或在有期徒刑所餘刑期內未經撤銷假釋者，其未執行之刑，以已執行論。但依第七十八條第二項撤銷其假釋者，不在此限（第一項）。假釋中另受刑之執行或羈押或其他依法拘束自由之期間，不算入假釋期內（第二項）。」二以上合併計算執行期間，亦合併計算其所餘刑期，有期徒刑假釋後所餘刑期，或合併計算後之期間逾十年者，準用無期徒刑假釋之規定。

第五　累犯

累犯者謂犯罪經確定裁判，受一定刑罰之執行，在一定期間內，復犯一定之罪，依法加重其刑也（四七）。關於構成累犯之範圍，立法例互殊：主裁判確定主義者，謂在裁判確定後而復犯罪者，即為累犯；主執行未畢主義者，以受刑人在刑之執行中再犯罪，顯屬怙惡不悛，應論為累犯；主執行完畢主義者，謂在前科執行完畢或執行一部而赦免後又犯罪者，始足證明其惡性之深，方可論爲累犯，本法採之。至於累犯之前科，有主張以宣告徒刑爲限者；有主張不限制刑種者，本法則以徒刑爲構成累犯之前科。故其成立之要件如次：

一、前犯之罪須受有期徒刑以上刑之執行　前科之宣告刑如何，在所不問；惟必須所執行者爲自由刑始可。至如雖曾拘束自由，而非執行徒刑者，自與累犯之條件不合。

二、前科須受有期徒刑之執行完畢或受無期徒刑或有期徒刑一部之執行而赦免後再犯罪　蓋非如此不足以瞻受刑人對於刑罰之適應力也。「赦免」指特赦、減輕而言，不包括大赦在內。

三、前科之刑執行完畢或赦免後五年內再犯罪　關於前科與後犯間之距離，立法例有長至十年者，有少至一年者，本法折衷爲五年。即自前科執行完畢或赦免之翌日至後犯着手之日，其間如未逾五年，即爲累犯。

四、再犯有期徒刑以上之罪　再犯之罪，須法定最重本刑爲有期徒刑以上之罪，始得成立累犯。惟過失犯不在此限。

關於累犯之處罰，本法採比例加重主義，即就法定刑之最高度與最低度，加重至二分之一（四七）。累犯在後罪之裁判後確定前發覺者，可依上訴方法，變更裁判，以加重其刑。若於裁判確定後發覺犯人爲累犯者，應再開裁判，更定其刑（四八），即將原裁判宣告之刑撤銷，依第四七條加重之規定，重新量定其刑；而於原確定裁判所認定之犯罪事實及罪名，則不得變更之。其程序由該案犯罪事實最後判決之法院之檢察官，聲請該法院裁定之（刑訴四八一）。如於後罪之刑執行完畢或赦免後始發覺其爲累犯者，則不得更定其刑也（四八但）。

前科之刑如係受軍法裁判，或於外國法院受裁判者，雖於其刑執行完畢或赦免後，五年內再犯有期徒刑以上之罪，則不得認爲累犯，而加重其刑（四九）。但前科之刑，如係受普通法院之裁判者，於執行完畢或赦免後五年內，再犯有期徒刑以上之罪，應受軍法裁判時，除有特別規定外，仍應以累犯論，此則特別法適用本法總則之當然結果也。

第十三章 刑罰之消滅

刑罰之消滅者，謂基於法定原因，使犯罪歸於消滅；或使刑罰失其效力也。狹義之刑罰消滅，專指刑罰執行權之消滅而言；廣義之刑罰消滅，則包括刑罰請求權之消滅在內。本法採廣義說。刑罰消滅之原因不一，分述如次：

一、犯罪者死亡 行爲人爲犯罪之主體；刑罰之客體，如在裁判前死亡，則刑罰請求權爲之消滅；如在裁判確定後死亡，則刑罰執行權爲之消滅，惟罰金、沒收、追徵仍得就受刑人之遺產執行（刑訴四七四3），則例外也。

二、時效　謂依法規定，因一定時間之經過，而生權利得喪之效果也。刑法上之時效有二：

甲、追訴權時效　犯罪發生後，依法經過一定期間不提起公訴或自訴者，即喪失其刑罰請求權也。依本法規定，追訴權因左列時間內不行使而消滅（八〇1）：

子、死刑、無期徒刑或十年以上有期徒刑者，二十年。

丑、三年以上十年未滿有期徒刑，十年。

寅、一年以上三年未滿有期徒刑者，五年。

卯、一年未滿有期徒刑者，三年。

辰、拘役或罰金者，一年。

追訴權時效期間，依本刑之最高度計算。有二以上之主刑者，依最重主刑或最重主刑之最高度計算（八一）。法定刑有應加重或減輕者，仍依本刑計算（八二）。追訴權時效期間，自犯罪成立之日起算，是爲原則；自起算之日即開始進行；其間如有法定之原因發生，應停止其進行，是卽「時效之停止」。依法律規定，偵查、起訴或審判之程序不能開始或繼續時（如刑訴二四〇、二八七至二九〇，或因天災事變等），應卽停止進行（八三

1）。停止原因繼續存在之期間，如達於第八十條第一項所規定期間四分之一者，其停止原因視爲消滅（八三3）。惟其停止原因如忽斷忽續，則不能合計其前後期間，而謂已達四分之一也。

追訴權時效一經完成，則檢察官即不得提起公訴，被害人亦不得提起自訴。如已開始偵查者，應爲不起訴處分（刑訴二三一2）；如已追訴者，法院應諭知免訴之判決（刑訴二九四2）；已判決者，得爲上訴理由；判決確定者，得爲再審原因（刑訴四一二6款）。

告訴乃論之罪，其告訴應自得爲告訴之人知悉犯人之時起，於六個月內爲之（刑訴二一六1）。有告訴權人知悉犯人已逾六個月，即當然不得告訴，是告訴乃論之罪實受兩重限制，故實用時除注意追訴權時效期間外；更應注意告訴期間也。

乙、行刑權時效　謂於科刑裁判確定後，基於一定之原因，不能執行其刑，而因法定期間之經過，遂使國家喪失對該犯人之刑罰執行權也。依本法規定，行刑權因左列期間內不行使而消滅（八四）：

子、死刑、無期徒刑或十年以上有期徒刑者，三十年。

丑、三年以上十年未滿有期徒刑者，十五年。

寅、一年以上三年未滿有期徒刑者，七年。

卯、一年未滿有期徒刑者，五年。

辰、拘役、罰金或專科沒收者，三年。

行刑權包括主刑與從刑之執行權而言，均以宣告刑爲計算之標準，自裁判確定之日起算（八四2）。其緩刑或假釋經撤銷者，應自撤銷裁判確定之日或撤銷之日起算其餘未執行刑期之行刑權時效。行刑權時效如依法律規定不能開始或繼續執行時，應停止其進行（如刑訴四六九、四七一、四七三等），俟停止原因消滅後，通算時效停止之前後期間，以完成其時效。惟時效停止原因繼續存在之期間，達時效期間四分之一時，其停止原因視爲消滅（八五），時效繼續進行。

三、赦免　國家元首基於憲法（憲四〇）所賦之特權，依法令消滅刑罰權或變更刑種，減輕刑罰也。其類別有四，分述如次：

甲、大赦　謂國家元首基於法律之規定，消滅一般犯罪或特定犯罪之法律上之效力也。經大赦者，其未受罪刑之宣告者，追訴權爲之消滅；已受罪刑之宣告者，其宣告無效，即行刑權爲之消滅。

乙、特赦　謂對於受科刑裁判已確定之特定人犯，以行政命令免除其刑之執行，是爲原則；其情節特殊者，得以其罪刑宣告爲無效（赦三），是又例外也。

丙、減刑　對於受科刑裁判已確定之特定人犯，以行政命令變更宣告刑之種類或減輕其所宣告之刑（赦四）也。與刑法上之減刑，性質有殊。

丁、復權　以行政命令回復因受刑之宣告而喪失或停止之法定資格也。此與法律上之復權及裁判上復權之基於法律規定者不同。

第十四章　保安處分

第一　保安處分之概念

保安處分謂國家以防衞社會爲目的，基於公權力之作用，對於無刑罰適應性或有特殊危險性之特定行爲人，依法律規定所爲之特別預防處分也。廣義保安處分乃指國家爲預防犯罪，於刑罰之外所爲之一切處分而言，不以有犯罪行爲爲要件；且不限於對人爲之，對物亦得爲之。狹義保安處分則專指國家爲防止犯罪者之危險性，以犯罪行爲爲原因，而剝奪行爲者之自由，以代替或補充刑罰之司法處分而言。保安處分與刑罰同爲保全社會之方法，其特徵有二：一爲以敎育、醫療等矯正措施爲中心，以適於社會生活爲目的，如對於少年之保護處分，對嫌惡勞動者之強制勞動處分、對酒精中毒者之特別處分、對精神障礙者之治療處分等是。二爲在本人反社會性繼續期中，予以一定之拘束，以隔離社會為目的，如對常習者及精神障礙者之排害處分等是。故保安處分以本人之惡性為基準，採不定期主義。

應報刑論者今日雖亦承認保安處分之必要性；然認二者之性質，根本不同：以為刑罰乃以道義之應報或非難為要素；保安處分則無倫理色彩，乃以社會之保全或保安為要素，此其一。刑罰乃基於過去行為之責任而科處；保安處分乃對於將來之危險而為之，此其二。是其大較。目的刑論者則以為刑罰與保安處分皆為保全社會之方法，兩者間並無本質上之差異，僅分量上有所不同而已，故二者非互相排斥，而有互相代替及選擇之餘地。今日立法例，多從後說，我刑法亦然。

第二　保安處分之種類

依本法之規定，保安處分共分七種，舉述如次：

一、感化教育　藉以改善行為人之惡性，得施於左列之人（八六）：

甲、未滿十四歲人　即因未滿十四歲而不罰者。

乙、未滿十八歲人　因未滿十八歲而減輕其刑者，得於刑之執行完畢或赦免後，令入感化教育處所，施以感化教育；但宣告三年以下有期徒刑、拘役或罰金者，得於執行前為之。如裁判官對之未予減刑，則犯人已有受刑之能力，即無再予保安處分之必要也。倘於執行前施以感化教育後，認爲無再執行刑之必要時，得免其刑之執行。此爲保安處分代替刑罰之一特例。

感化教育之期間爲三年，裁判官於此範圍內有自由裁量之權。各國多設感化院、矯正院等處所，以實施感化教育，其方法有家庭式、學校式、兵營式之分，各國多採學校式，以其寬嚴適中也。適用時應注意戡亂時期竊盜犯贓物犯保安處分條例及少年事件處理法之特別規定。

二、監護處分　藉以防共危害社會，得施於左列之人（八七）：

甲、心神喪失人　卽因心神喪失而不罰者。

乙、精神耗弱人或瘖啞人　因精神耗弱或瘖啞而減輕其刑者，得於刑之執行完畢或赦免後，令入相當處所，施以監護；如未減刑，卽無予監護必要。

監護處分期間爲三年以下。監護處所不以監獄爲限，如受處分人之家庭、學校、醫院或其他處所而認爲相當者，亦可。適用時應注意少年事件處理法之特別規定。

三、禁戒處分　藉以根除犯罪之原因，得施於左列之人（八八、八九）：

甲、烟毒犯　犯吸食鴉片、施打嗎啡、或使用高根、海洛因或其化合質料之罪者，得令入相當處所，施以禁戒。其期間爲六個月，並於刑之執行前爲之。如依禁戒處分之執行，法院認爲無執行刑之必要者，得免其刑之執行。

乙、酗酒犯　因酗酒而犯罪者，得於刑之執行完畢或赦免後，令入相當處所，施以禁戒，其期間爲三個月以下。

適用時應注意戡亂時期肅清烟毒條例及少年事件處理法之特別規定。

四、强制工作處分　藉以培育其刻苦耐勞之德性，俾糾正其不良習慣。對於左列之人行之（九〇）：

甲、習慣犯　卽習於犯罪之人，不以累犯爲限。

乙、常業犯　卽以犯罪爲業者，不以刑法分則中之常業犯爲限。

丙、因遊蕩成習而犯罪者　卽習於閒散，不務正業，而致犯罪之人。

丁、因懶惰成習而犯罪者　卽習於安逸，不事生產，而致犯罪之人。

此種不良積習，徒恃刑罰，難於矯正，故得於刑之執行完畢或赦免後，令入勞動場所，强制其工作，其期間爲三年以下，藉資糾正。適用時應注意戡亂時期竊盜犯贓物犯保安處分條例之特別規定。

五、强制治療處分　以治療傳染病爲目的，並以預防再犯，而保民族之健康。卽對犯第二八五條之傳染病毒罪者，得令入相當處所，如公私立醫院、痲瘋療養院或其他相當處所，强制治療。此項治療於刑之執行前爲之，其期間至治癒時爲止（九一）。適用時應注意少年事件處理法之特別規定。

六、保護管束處分　藉以觀察其行狀，指導其合理生活，改善其惡性，而對於左列之人行之（九三）：

甲、假釋人　在假釋期中，應付保護管束。

乙、緩刑人　在緩刑期內，得付保護管束。

受感化教育、監護、禁戒或强制工作之處分者，按其情形，得以保護管束處分代替其執行。此項保護管束之期間爲三年以下；如在此期間不能收改善犯人之效果，得隨時撤銷之，仍執行原處分（九二）。保護管束處分交警察官署、自治團體、慈善團體、本人之最近親屬或其他適當之人執行之（九四）。其執行之方法依保安處分執行法之規定行之；並應注意戡亂時期竊盜犯贓物犯保安處分條例及少年事件處理法之特別規定。

七、驅逐出境處分　純爲隔離處分，即對於外國人受有期徒刑以上刑之宣告者，得於刑之執行完畢或赦免後，驅逐出境（九五）。此項處分自應執行之日起，隨時可以執行，不受本法第九十九條所定期間之限制。

第三　保安處分之宣告執行與消滅

保安處分以與裁判一併宣告爲原則（九六前段），宣告時應將各種保安處分之期間一併記載於裁判主文之內（刑訴三〇一６款）。處分應在刑之執行前後或赦免後爲之，亦應一併宣告；如以保護管束代他種保安處分時，應將原處分及代替之保護管束併予宣告，俾於撤銷保護管束時，仍執行原處分也。但因假釋或於刑之赦免後付保安處分者，因其在裁判時不可預知，故不在此限（九六但），斯時應由檢察官申請法院裁定之（刑訴四八五）。裁判時併宣告之保安處分，不以一種爲限；卽一人應付二種以上之保安處分者，亦應併宣告之，而比較其輕重緩急，以定其執行之先後。

感化教育、監護、禁戒、强制工作及保護管束，於所宣告之期間未執行終了之前，如認爲無繼續執行之必要者，法院得免其處分之執行；如認有延長之必要者，法院得就法定期間之範圍內，酌量延長之（九七）。惟應否延長，由檢察官聲請法院裁定之（刑訴四八五）。延長期間雖不能逾各該保安處分之法定期間，而延長之次數，則無限制。延長處分期間與免其處分之執行，相輔爲用，足以充分發揮保安處分之不定期及其作用，以收防衞社會改善犯人之功用。

保安處分雖不適用刑罰權時效之規定，然如漫無限制，亦非所以安定社會保障人權之道。依本法之規定，感化教育、監護、強制工作、強制治療等五種保安處分，自應執行之日起，經過三年未執行者，非得法院許可，不得執行之（九九）。但超過此三年之期間，經檢察官聲請法院裁定許可執行者，亦得執行之（刑訴四八五）。保安處分之執行，依保安處分執行法之規定；惟應注意其他特別法之規定焉。

各論

刑法各論乃以刑法分則各條爲研究之對象，而闡明各種犯罪之特別構成要件及其刑罰之範圍，乃至刑罰之關係者也。刑法各論之編制順序，立法例有二分制、三分制與四分制之別，本法採三分制，即第一章至第十章，爲侵害國家法益之罪；第十一章至第二十一章，爲侵害社會法益之罪；第二十二章至第三十五章，爲侵害個人法益之罪。然三者並非截然對立，例如誣告罪同時侵害國家司法權及個人法益，國家法益重於個人法益，故以司法權爲直接被害客體，而將誣告罪列爲侵害國家法益者是。玆依本法規定之順序，分別舉述如後：

第一章 內亂罪

本章之罪，以保護國家存在之基本制度爲目的，其態樣如次：

一、普通內亂罪　即意圖破壞國體，竊據國土，或以非法方法變更國憲、顚覆政府，而以強暴或脅迫着手實行之犯罪也（一〇〇）。其要件有二：甲、須有破壞國體、竊據國土，或以非法方法變更國憲、以非法方法顚覆政府之意圖。國體即一國最高權力歸屬之形態，如我國爲三民主義共和國者是。國土爲國家之構成要素，爲全民所共有。憲法即國家之基本組織法，非依合法程序，不得變更之。政府爲國家組織之中樞，非依法定程序，不得更改之。乙、須以強暴或脅迫着手實行。行爲人具有上述目的之一而着手實行者，本罪卽爲完成。本罪之處罰，首謀者較重。並罰及預備犯。

二、暴動內亂罪　卽以暴動爲犯普通內亂罪之方法之犯罪也（一〇一）。其要件有三：甲、本罪主體須爲多數人。乙、須有暴動行爲。暴動謂結合多衆實施強暴、脅迫，致一地方之安寧秩序遭受擾亂之行爲也。丙、須以犯普通內亂罪爲目的。本罪之首謀者，處刑較重。並罰及預備犯。

三、本章罪責之減免事由　犯第一百條第二項或第一百零一條第二項之罪而自首者，減輕或免除其刑（一〇二）。此爲第六十二條但書之所謂特別規定。

第二章　外患罪

本章之罪以保護國家對外之安全爲目的。其態樣如次：

第一　平時外患罪

一、喪失民國領域罪　卽通謀外國或其派遣之人，意圖使中華民國領域屬於該國或他國之犯罪也（一〇四）。其要件有三：甲、本罪主體須爲未受政府合法委任之人。乙、須通謀外國或其派遣之人。通謀卽與人互通謀議，而不以双方意思合致爲必要，至由何方發議，是否有所議定，均所不問。外國包括敵國或未經承認之國家在內。外國政府派遣之人不以外國人爲限。丙、須有使中華民國領域屬於該國或他國之意圖。意圖卽目的，與故意有別。本罪之未遂犯、預備犯或陰謀犯均罰之。

二、私與外國訂約罪 卽應經政府允許之事項，未受允許，私與外國政府或其他派遣之人爲約定之犯罪也（一一三）。其要件有二：甲、須爲應經政府允准之事項，未受允准。應經政府合准之事項，依行政法令認定之。乙、須私與外國政府或其他派遣之人爲約定。約定謂双方意思合致之行爲。

三、毀滅國權證書罪 卽僞造、變造、毀棄或隱匿可以證明中華民國對於外國所享權利之文書、圖畫或其他證據之犯罪也（一一五）。其要件有二：甲、須有僞造、變造、毀棄或隱匿之行爲。僞造謂不法摹造，而不必原有其物也。變造則變更原物之內容，以改變其效用。毀棄謂毀壞拋棄，使喪失其效用也。隱匿謂使物體難於發現之行爲。乙、須對可以證明中華民國對於外國所享權利之文書、圖畫或其他證據爲之。如條約、地圖、界碑等是。

四、違背委任罪 卽受政府之委任，處理對於外國政府之事務，而違背其委任，致生損害於中華民國之犯罪也（一一四）。其要件有三：甲、本罪主體，須爲受民國政府委任處理對於外國政府事務之人。至於是否外交官或公務員，在所不問。乙、須有違背委任之行爲。丙、須生損害於中華民國。

第二　戰時外患罪

一、通謀開戰罪　即通謀外國或其派遣之人，意圖使該國或他國對於中華民國開戰端之犯罪也（一〇三）。其要件有二：甲、須與外國或其派遣之人通謀。乙、須有使該國或他國與中華民國開戰端之意圖。至實際上是否開戰，則與本罪無關。本罪之未遂犯、預備犯與陰謀犯均罰之。

二、助敵罪　即在與外國開戰或將開戰期內，以軍事上之利益供敵國，或以軍事上之不利益害中華民國或其同盟國之犯罪也（一〇六）。其要件有二：甲、須在與外國開戰或將開戰之期間內爲之。開戰指國家間之實際戰鬪行爲而言。將開戰謂已至不能和平解決之狀態，此應依事實認定之，至事後果否開戰，則非所問。乙、須以軍事上之利益供敵國，或以軍事上之不利益害中華民國或其同盟國。軍事上之利益或不利益應依客觀之事實判斷之，如詐報敵情、不供給軍需品、故意抗命等是。本罪之未遂犯、預備犯、陰謀犯均罰之。

三、加重助敵罪　即犯助敵罪而有左列情形之一者，處死刑或無期徒刑（一〇七）：

甲、將軍隊交付敵國，或將要塞、軍港、軍營、軍用船艦、航空機及其他軍用處所、建築物，與供中華民國軍用之軍械、彈藥、錢糧及其他軍需品、或橋樑、鐵路、車輛、電線、電機、電局及其他供轉運之器物，交付敵國，或毀壞，或致令不堪用者。

乙、代敵國招募軍隊，或煽惑軍隊使其降敵者。

丙、煽惑軍人不執行職務，或不守紀律，或逃叛者。

丁、以關於要塞、軍港、軍營、軍用船艦、航空機及其他軍用處所、建築物，或軍略之秘密文書、圖畫、消息或物品洩漏或交付於敵國者。

戊、為敵國之間諜或幫助敵國之間諜者。間諜即基於通知敵國之目的，而以秘密方法，搜集軍事上機密之事項或物品之人也。幫助敵國間諜即對於敵國間諜予以便利也。本罪之未遂犯及預備犯或陰謀犯均罰之。

四、戰時不履行契約罪　即在與外國開戰或將開戰期內，不履行供給軍需契約，或不照約履行之犯罪也（一〇八）。其要件有三：甲、本罪主體須為與政府訂有供給軍需契約之人。軍需指戰時軍事上所需用之一切物品而言。乙、須故不履行契約或不照約履行。不履行契約即完全不實現契約之內容；不照約履行謂不依契約之內容而實現之，如約定供給白米五千噸，而供給糙米，或供給三千噸，或不運送至約定之地點等均是。然均須故意為之。丙、須在與外國開戰或將開戰期內為之。因過失犯本罪者，亦處罰之，所以促使負擔契約義務者之特別注意也。

第三　洩漏國防秘密罪

一、一般洩漏國防秘密罪　卽洩漏或交付關於中華民國國防上應秘密之文書、圖畫、消息或物品於不應知悉之人之犯罪也（一〇九1）。其要件有二：甲、須有洩漏或交付關於中華民國國防應秘密之文書或圖畫、消息、物品之行爲。乙、須洩漏或交付與本國人民或外國人民。預備或陰謀犯、未遂犯均罰之。

二、加重洩漏國防秘密罪　卽洩漏或交付關於中華民國國防應秘密之文書、圖畫、消息或物品於外國政府或其派遣之人之犯罪也（一〇九2）。其與一般洩漏國防秘密罪之要件不同者，僅其洩漏或交付之對象爲外國政府或其派遣之人而已，因其影響於國家安全者甚大，故重罰之。本罪之未遂犯、預備犯及陰謀犯均罰之。

三、公務員過失洩漏國防秘密罪　卽公務員對於職務上知悉或持有之國防應秘密之文書、圖畫、消息或物品，因過失而洩漏或交付之犯罪也（一一〇）。其要件有三：甲、本罪之主體須爲公務員。乙、所洩漏或交付者，須爲因職務上知悉或持有之國防秘密。丙、須因過失而爲之。從而公務員於退職後而爲洩漏或交付，或所洩漏或交付之國防秘密非因職務關係知悉或持有者，均不得以本罪繩之；其故意予以洩漏或交付者，則應依第一〇九條論科，亦非本罪也。

四、刺探收集國防秘密罪　卽刺探或收集國防上應秘密之文書、圖畫、消息或物品之犯罪也（一一一）。其要件有二：甲、須有刺探、收集國防上應秘密之文書、圖畫、消息或物品之行爲。刺探卽以秘密方法偵察情實；收集乃以各種方法蒐羅持有，二者有一於此，卽成立本罪，至其動機如何，在所不問。惟刺探或收集之後而復洩漏或交付於人者，則爲第一〇九條一項之罪所吸收，不再論以本罪。乙、須認識其爲國防上應秘密之事物，而故意收集或刺探之。本罪之未遂、預備或陰謀行爲均處罰之。

五、不法侵入或留滯軍用處所罪　卽意圖刺探或收集國防上應秘密之文書、圖畫、消息或物品，未受允准而入要塞、軍港、軍艦及其他軍用處所、建築物或留滯其內之犯罪也（一一二）。其要件有三：甲、須有刺探或收集民國國防上應秘密之文書、圖畫、消息或物品之意圖。乙、須有侵入或留滯於要塞、軍港、軍艦及其他軍用處所、建築物之行爲。丙、其侵入或留滯須未受合法之允許，卽未獲有權者之同意。

第三章　妨害國交罪

本章之罪以保護國際間之和平爲目的。其態樣如次：

一、侵害友邦元首或外國代表罪　卽對於友邦元首，或派至中華民國之外國代表，犯故意傷害罪、妨害自由罪或妨害名譽罪也（一一六）。其要件有二：甲、本罪之被害人以友邦之現任元首，或派至中華民國之代表爲限。乙、須有故意傷害、妨害自由、妨害名譽之行爲。本罪之主體不以民國人民爲限，卽在民國領域內之外國人民，亦得犯之。本罪未設固定刑度，其處罰得依各該犯罪之法定刑度，加重至三分之一，裁判官於此範圍內量處之。

二、違背中立命令罪 卽於外國交戰之際，違背政府局外中立之命令之罪也（一一七）。本罪之實質內容，依政府頒發之局外中立命令之規定認定之，學說稱爲「空白刑法」者也。其要件有三：甲、須於外國交戰之際犯之。卽在外國與外國發生戰爭，尙未停戰之時犯之。乙、政府須發布局外中立命令。局外中立謂於兩國交戰時，第三國不予以特定之利益或損害於交戰國也。具體之內容，未必全同。丙、須有違背政府局外中立命令之行爲。

三、侮辱外國旗章罪 卽意圖侮辱外國而公然損壞，除去或汚辱外國之國旗、國章之犯罪也（一一八）。其要件有二：甲、須有侮辱外國之意圖。乙、須公然損壞，除去或汚辱外國之國旗、國章。損壞謂破壞其物體或致令不致用也。除去卽變更其現狀。汚辱卽變更其外形，而示以不敬之意，如塗以穢物是。國旗爲代表一國之旗幟，爲國章之一種。國章卽一國專用之象徵也，如國徽、軍旗等是。惟須公然爲之，卽在不特定多數人所得共見共聞之狀態下爲之者，始能成立本罪也。

四、本章各罪之追訴　犯第一一六條之妨害名譽罪及第一一八條之罪，須外國政府之請求乃論（一一九）。其請求之方式，由外國政府或足以代表外國政府者，經外交部咨請司法行政最高長官令知該管檢察官行之（刑訴二二二1）；領事自動請求，不能認為代表外國政府（院七五三）。

第四章　瀆職罪

本章之罪以防止公務員違背義務，辱瀆職守，破壞國家作用之嚴正性為目的。依本法之規定，其態樣如次：

第一　濫用職權罪

一、枉法裁判或仲裁罪　即有審判職務之公務員或仲裁人，為枉法之裁判或仲裁之犯罪也（一二四）。其要件有二：甲、本罪主體須為有審判職務（包括司法、軍法、行政等審判在內）之公務員，故檢察官不得為本罪主體；依仲裁程序而從事仲裁之人，亦得為本罪主體，所不待言。乙、須為枉法之裁判或仲裁。本罪主體明知其為出入法律，而仍依其主觀為裁判或仲裁者，即為枉法，至於對當事人是否有利，在所不問。

二、濫用職權追訴處罰罪　即有追訴或處罰職務之公務員，濫用職權爲逮捕、羈押者，意圖取供而施强暴脅迫者，或明知爲無罪之人，而使其受追訴或處罰，或明知爲有罪之人，而無故不使其受追訴或處罰等情形之犯罪也（一二五1）。其要件有二：甲、本罪主體須爲有追訴或處罰犯罪職務之公務員。犯罪包括特別法上之犯罪。司法警察官不得爲本罪之主體。乙、本罪之行爲態樣有三：子、濫用職權爲逮捕、羈押。丑、意圖取供而施强暴、脅迫。即一般所謂之刑求。寅、明知爲無罪之人，而使其受追訴處罰；或明知爲有罪之人，而無故不使其受追訴或處罰，有上述情形之一者，即足成立本罪。明知指第十三條一項之直接故意而言；無故謂無正當理由也。犯本罪因而致人於死或重傷者，應加重其刑罰（一二五2）。

三、凌虐人犯罪　即有管收、解送或拘禁人犯職務之公務員，對於人犯施以凌虐之犯罪也（一二六）。其要件有二：甲、本罪主體須爲有管收、解送或拘禁人犯職務之公務員。管收爲對民事被告所爲之處分。解送謂將人犯押送於一定之處所。拘禁指依法執行刑罰或羈押、拘留等。乙、須對於犯人施以凌虐。犯人卽管收、解送或拘禁之對象，不限於刑事上之犯人也。凌虐卽凌辱虐待之意。其因而致人於死或重傷者，加重其處罰。

四、違法行刑罪　即有執行刑罰職務之公務員，違法執行刑罰或不執行刑罰之犯罪也（一二七1）。其要件有三：甲、本罪主體以有執行刑罰職務之公務員爲限。刑罰指本法所定之主刑

（三三）與從刑（三四）而言。乙、須有違法執行刑罰或不執行刑罰之行爲。謂依法不應執行者而執行之；或應執行者而不爲執行之行爲也。丙、須有故意。

五、過失行刑罪　卽有執行刑罰職務之公務員，因過失而執行不應執行之刑罰之犯罪也（一二七2）。其要件有三：甲、本罪之主體，須爲有執行刑罰職務之公務員。乙、須因過失而犯之。丙、須因而執行不應執行之刑罰。

六、越權受理訴訟罪　卽公務員對於訴訟事件，明知不應受理而受理之犯罪也（一二八）。其要件有二：甲、本罪主體，須爲無權受理訴訟之公務員。乙、須對於訴訟案件明知不應受理而受理。訴訟案件乃指民刑事及行政訴訟案件而言。行爲者須具有直接故意（十三1），知其不應受理而受理者，始成立本罪。妨害兵役治罪條例第二十二條一項一款爲本罪之特別法，所應注意者也。

七、違法徵收罪　卽公務員對於租稅或其他入款，明知不應徵收而徵收之犯罪也（一二九1）。其要件有二：甲、本罪主體，以有權徵收租稅或其他入款之公務員爲限。其他入款，指租稅以外一切國家定有徵收名義之各種因公收入之款項而言。乙、須對於租稅或其他入款明知不應徵收而徵收。故因過失而爲不應徵收之徵收者，不得以本罪律之。本罪之未遂犯罰之。

八、違法抑留尅扣罪　卽公務員對於職務上發給之款項物品，明知應發給而抑留不發或尅扣之犯罪也（一二九2）。其要件有三：甲、本罪主體須爲職司發給款項、物品之公務員。乙、須對於職務上發給之款項、物品，有抑留不發或剋扣之行爲。抑留謂遲延不發也，其爲一部或全部，乃至時間之久暫，均所不問。剋扣指已經發給，或作爲已經發給，而提扣或劃撥也。本罪之未遂犯有罰。

九、郵電人員妨害郵電秘密罪　即在郵務或電報機關執行職務之公務員，開拆或隱匿投寄之郵件或電報之犯罪也（一三三）。本罪之要件有二：甲、本罪主體須爲在郵務或電報機關執行職務之公務員。乙、須有無故開拆或隱匿投寄之郵件或電報之行爲。如郵電檢查員依法令檢視郵電內容之行爲，自不得以本罪律之。

第二　賄賂罪

一、不背職務之收賄罪　即公務員或仲裁人，對於職務上之行爲要求、期約或受收賄賂或其他不正利益之犯罪也（一二一）。其要件有三：甲、本罪主體以公務員或仲裁人爲限。仲裁人謂依法令設置仲裁双方爭議之人，如勞資爭議之仲裁人、民事公斷人、商事評議員等是。乙、須對於職務上之行爲，要求、期約或收受賄賂，或其他不正利益。職務上之行爲，指職權範圍內之事項而言。要求謂請求給付賄賂或不正利益之意思表示也。期約謂双方意思合致而爲交付之約定也。收受謂自他方取得處分權也。三者逐級而進，後者吸收前者，有一於此，即可成立本罪。賄賂指金錢或可以金錢計算之財物。不正利益則不以經濟上之利益爲限，凡賄賂外足以供人需要或滿足人慾望之一切利益皆屬之。丙、須未爲違背職務之行爲。犯本罪者所收受之賄賂沒收之；如全部或一部不能沒收時，追徵其價額。

二、違背職務之受賄罪 即公務員或仲裁人，對於違背職務之行爲，要求、期約或收受賄賂或其他不正利益之犯罪也（一二二1）。本罪之要件與不背職務之受賄罪大體相同；所不同者，即本罪須以違背職務之行爲爲目的也。違背職務謂不應爲而爲，或應爲而不爲，或不正當爲之也。本罪乃尙未實行違背職務時之犯罪也。犯本罪所收受之賄賂沒收之；如全部或一部不能沒收時，追徵其價額。

三、因受賄而違背職務罪 即公務員或仲裁人，對於違背職務行爲，要求、期約或收受賄賂或其他不正利益，因而爲違背職務之行爲之犯罪也（一二二2）。本罪爲前項犯罪之高度行爲，故得吸收前項犯罪也。前項犯罪與本罪在行爲過程中，逐級而進，故其刑罰亦逐漸加重也。犯本罪者，其所收受之賄賂沒收之，如全部或一部不能沒收時，追徵其價額。

四、準收賄罪 即於未爲公務員或仲裁人時，預以職務上之行爲，要求、期約或收受賄賂或其他不正利益，而於爲公務員或仲裁人後履行者，以公務員或仲裁人要求、期約或收受賄賂或其他不正利益論（一二三）。其要件有三：甲、須於未爲公務員或仲裁人時犯之。乙、須預以職務上之行爲要求、期約或收受賄賂或其他不正利益。丙、須於爲公務員或仲裁人後履行所允許之職務上行爲。具備上述要件，依其具體情形分別依本法第一二一條一項或第一二二條二項科處。其所收受之賄賂，亦準用第一二二條二項或第一二二條四項之規定沒收，或追徵其價額。

五、行賄罪　即對於公務員或仲裁人關於違背職務之行爲，行求、期約或交付賄賂或其他不正利益之犯罪也（一二二3）。其要件有二：甲、須有行求、期約或交付賄賂或其他不正利益之行爲。行求即提供賄賂或不正利益之意思表示。交付則移轉賄賂或不正利益處分權之行爲也。行求、期約、交付亦爲逐級進行之階段行爲，後者吸收前者。乙、須對於公務員或仲裁人關於違背職務之行爲而爲之。本罪主體爲一般人或非主管該事務之公務員。犯本罪而自首者，減輕或免除其刑；在偵查或審判中自白者，得減輕其刑。

第三　違背忠實或廉潔之義務罪

一、委棄守地罪　即公務員不盡其應盡之責，而委棄守地之犯罪也（一二〇）。其要件有三：甲、本罪主體以有守土職責之公務員爲限。乙、須有委棄守地之行爲。守地即公務員應行保守之地域。委棄即不盡其保守之能事，而委棄不顧也，至是否因委棄而爲對方佔領，於本罪之成立無關。丙、須由於不盡應盡之責而委棄之。是否盡其應盡之責，應依具體事實認定之。

二、廢弛職務成災罪　即公務員廢弛職務釀成災害之犯罪也（一三〇）。其要件有三：甲、本罪主體須爲公務員。乙、須有廢弛職務之行爲。卽不盡其職務上所應爲之行爲。丙、須因而釀成災害。災害指危及公衆之災害而言，如檢疫官員於時疫發生之際，怠於檢查，致時疫流行，死亡率增加者是。

三、公務員圖利罪　卽公務員對於主管或監督之事務，直接或間接圖利之犯罪也（一三一）。其要件有二：甲、須爲公務員對其主管或監督之事務圖利。主管謂依法令於職務上有主持或執行之權責者而言。監督則指雖不掌管事務，而對於掌管事務者有監督之職權也。乙、須有直接或間接圖利之行爲。直接圖利卽使自己或第三人直接受益之企圖；間接圖利則以迂迴之方法，使利歸於己也。本罪乃公務員圖利之補充規定，必不屬於其他特定犯罪如違法徵收、收受賄賂、侵占公務上持有物等，始得以本罪繩之。犯本罪所得之利益沒收之；如全部或一部不能沒收時，追徵其價額。

四、普通洩漏秘密罪　卽公務員洩漏或交付關於中華民國國防以外應秘密之文書、圖畫、消息或物品之犯罪也（一三二1）。其要件有三：甲、本罪之主體須爲公務員。乙、須有故意洩漏或交付之行爲。丙、所洩漏或交付者須爲國防以外應秘密之文書、圖畫、消息或物品。應秘密謂如予洩漏或交付，則對國家之政務或事務有利害之影響；是否應秘密，應依客觀與主觀方面審究之。惟已經洩漏之秘密，即不爲秘密矣，是爲原則。公務員因過失而有洩漏或交付之行爲者，亦有處罰規定（一三二2），所以加强其責任感也。

五、非公務員洩漏國防以外之秘密罪　即非公務員因職務或業務知悉或持有關於中華民國國防以外應秘密之文書、圖畫、消息或物品，而洩漏或交付之犯罪也（一三二3）。其要件有三：甲、本罪主體須非公務員。乙、須故意洩漏或交付中華民國國防以外應秘密之文書、圖畫、消息或物品。丙、所洩漏或交付之秘密，須因其職務或業務所知悉或持有者。

第四　非純粹之瀆職罪

非純粹之瀆職罪，即公務員假借職務上之權力、機會或方法，以故意犯本章以外各罪也（一三四）。非純粹之瀆職罪，一般人均得犯之；惟公務員憑藉其特殊之權力、勢力、機會或方法犯之，其情節較常人爲重，且妨害職務上之尊嚴與信用，故應加重其刑至二分之一；但因公務員之身分已特別規定其刑者，如第二六一條、第三三六條一項等，則又不得依本條加重之也。

第五章　妨害公務罪

本章之罪，以保全國家之公務執行權爲目的，其態樣如次：

第一　妨害行政作用之犯罪

一、**單純妨害公務罪**　即對於公務員依法執行職務時，施以强暴、脅迫之犯罪也（一三五1）。其要件有二：甲、須對於執行職務之公務員施以强暴、脅迫。乙、須於公務員依法執行職務時爲之。犯本罪因而致公務員於死或重傷者，分別加重其刑（一三五3）。

二、**事前妨害公務罪**　即意圖使公務員執行一定之職務，或妨害其依法執行一定之職務，或使公務員辭職，而施强暴、脅迫之犯罪也（一三五2）。其要件有三：甲、須有對公務員施以强暴、脅迫之行爲。乙、犯本罪之意圖有三：一爲使公務員執行一定之職務，凡依法應執行或得執行之職務均屬之，不以特定之處分行爲爲限。二爲妨害公務員依法執行一定之職務。三爲使公務員辭職。三者有一於此，即足成立本罪。丙、須於公務員執行職務或辭職之前爲强暴、脅迫。犯本罪因而致公務員於死或重傷者，加重處罰之（一三五3）。

三、**聚衆妨害公務罪**　即公然聚衆，犯單純妨害公務罪或犯事前妨害公務之罪也（一三六）。

）。其要件有二：甲、須有公然聚衆之行為。公然指不確定之多衆可以共見共聞之狀態。聚衆謂由首謀者集合不特定之多數人，有隨時可以增加之情況也。乙、須犯單純妨害公務罪或事前妨害公務罪。本罪因其公然聚衆犯之，影響力較大，故處罰亦重。犯本罪之首謀及下手實施者之處罰，較重於在場助勢者；其因而致公務員於死或重傷者，首謀及下手實施之人、强脅之人，應比照第一三五條第三項之規定處斷。

四、侵害公務上管有文書物品罪　即毀棄、損壞或隱匿公務員職務上掌管或委託第三人掌管之文書、圖畫、物品，或致令不堪用之犯罪也（一三八）。其要件有二：甲、須有毀棄、損壞、隱匿或致令不堪用之行為。乙、所侵害者須為公務員職務上掌管或委託第三人掌管之文書、圖畫或物品。即掌管之人或委託掌管之第三人，自為毀棄等行為，亦應成立本罪。

五、妨害封印標示之效力罪　即損壞、除去或汚穢公務員所施之封印或查封之標示，或為違背其效力之行為之犯罪也（一三九）。其要件有二：甲、須有損壞、除去、汚穢或為違背其效力之行為。違背其效力即使查封喪失效力之行為也，如門戶被封，而踰垣入室者是。乙、所侵害者須為公務員所施之封印或查封之標示。封印謂封存之標幟，如封條之類。查封之標示則指因查封而發布之標記、布告之類。

六、侮辱公務員及公署罪　即對於依法執行職務之公務員或公署，公然侮辱之犯罪也。本罪因客體之不同，又分爲：甲、當場侮辱公務員罪，卽於公務員依法執行職務時，當場予以侮辱之犯罪也（一四〇1前段）。乙、公然侮辱公務員依法執行之職務罪，卽對於公務員依法執行之職務，公然侮辱之犯罪也（一四〇1後段）。丙、公然侮辱公署罪，卽對於公署公然侮辱之犯罪也（一四〇2）。公署指公務員執行職務之處所，而非指建築物或特定機關之名稱也。如同時侮辱公務員及公署，則應依第五十五條處斷之。

七、妨害文告罪　卽意圖侮辱公務員或公署，而損壞、除去或汚穢實貼公衆場所之文告之犯罪也（一四一）。其要件有三：甲、須有侮辱公務員或公署之意圖。乙、須有損壞、除去或汚穢之行爲。丙、所侵害者須爲實貼公衆場所之文告。文告乃公署或公務員所製作之文書，而公告於衆者也。實貼卽已經揭示於衆也。公衆場所卽不特定多數人往來之處所。本罪須具有侮辱公務員或公署之意圖者，始可成罪。

第二　妨害考試罪

妨害考試罪，謂對於依考試法舉行之考試，以詐術或其他非法之方法，使其發生不正確之結果之犯罪也（一三七）。其要件有三：甲須對依考試法舉行之考試犯之。乙、須以詐術或其他非法方法犯之，詐術謂以不正之手段，使人陷於錯誤；其他非法方法爲法所不許之方法，如冒名頂替之類。丙、須使考試發生不正確之結果。本罪之未遂犯罰之。

第六章　妨害投票罪

本章之罪，以確保政治投票之安全、純潔與正確為目的，其態樣如次：

第一　妨害投票安全罪

一、**妨害投票自由罪**　即以强暴、脅迫或其他非法之方法，妨害他人自由行使法定之政治上選擧或其他投票權之犯罪也（一四二）。其要件有二：甲、須有强暴、脅迫或其他非法方法之實施。乙、須妨害他人自由行使法定之政治上選擧或其他投票權。即謂所妨害者乃指依法律規定，有關政治之選擧及其他政治上之投票權而言，其所依據之法律，包括地方政府公布之法規在內，本章之投票權皆以此為準。投票即表決之方法，固不限於以投票之形式為之。惟能自由行使其投票權者，乃能表達眞正民意，而為民主政治之基礎也，故本罪之未遂犯亦罰之。

二、**妨害投票秩序罪**　即妨害或擾亂投票之犯罪也（一四七）。其要件有二：甲、須對於投票事務加以妨害或擾亂。乙、須有妨害或擾亂之行為。本罪為妨害投票之事務，故與妨害個人自由投票罪不同，如抑留選票，隱匿票匭、騷擾投票場所之秩序等是。至如以强暴、脅迫或詐術從根本上阻擾投票之合法集會者，則又應注意第一五二條之適用矣。

三、妨害投票秘密罪 即於無記名之投票，刺探票載之內容之犯罪也（一四八）。其要件有二：甲、須對於無記名投票犯之。乙、須有刺探票載內容之行爲。刺探即調查窺探之意。惟須對於無記名投票犯之；否則，雖予刺探，亦不成立本罪。

第二　妨害投票純潔罪

一、投票受賄罪 即有投票權之人，要求、期約或收受賄賂或其他不正利益，而許以不行使其投票權，或爲一定之行使之犯罪也（一四三）。其要件有三：甲、本罪主體以有投票權之人爲限。乙、須有要求、期約、收受賄賂或其他不正利益之行爲。丙、須許以不行使投票權，或爲一定之行使。其爲明示或默示之允許，在所不問；至行爲者是否已實踐其允許之諾言，亦與本罪之成立無涉。因犯本罪所收受之賄賂沒收之，如全部或一部不能沒收時，追徵其價額。

二、投票行賄罪 即對於有投票權之人，行求、期約或交付賄賂或其他不正利益，而約其不行使投票權，或爲一定之行使之犯罪也（一四四）。其要件有三：甲、須對有投票權之人爲之。乙、須有行求、期約或交付賄賂或其他不正利益之行爲，如以車輛接送投票權人等是。丙、須約定其不行使投票權，或不爲一定之行使。

三、利誘投票罪　即以生計上之利害，誘惑投票人不行使其投票權，或爲一定之行使之犯罪也（一四五）。本罪要件有二：甲、須以生計上之利害，對投票人施以誘惑，即以一般生活上之利害關係相引誘也，如使之就業，或予解雇等是；至利害關係之是否影響生計，須依行爲人之主觀認定之。乙、須誘惑其不行使投票權，或不爲一定之行使。

第三　妨害投票正確罪

妨害投票正確罪，即以詐術或其他非法之方法，使投票發生不正確之結果，或變造投票之結果之犯罪也（一四六）。其要件有三：甲、本罪之投票須爲法定政治上之投票。乙、須以詐術或其他非法之方法行之。丙、須使投票發生不正確之結果，或變造投票之結果，例如使無投票權人投票、重複投票、虛報票額等是。本罪之未遂犯罰之。

第七章　妨害秩序罪

本章之罪以維持公共安寧狀態爲目的，立法例有將之列爲侵害社會法益之罪者。本法以其爲侵害國家之權力作用，而以之爲侵害國家法益之犯罪。依本法之規定，其類型如次：

第一　騷擾罪

一、聚衆不受解散罪　卽公然聚衆，意圖爲强暴、脅迫，已受該管公務員解散命令三次以上，而不解散之犯罪也（一四九）。本罪爲純粹不作爲犯，苟遵令解散，卽不成立本罪。該管公務員，指有權發解散命令之公務員而言，至命令之形式，在所不問；惟須已經達到聚集之羣衆。三次應連本數計算在內。本罪之首謀者及在場助勢者均罰之。

二、聚衆强脅罪　卽公然聚衆實施强暴、脅迫之犯罪也（一五〇）。本罪已達實行强暴、脅迫階段，故與第一四九條之僅有實行强脅之可能性者不同。其要件有三：甲、須有公然聚衆之行爲。乙、須對人或對物實施强暴、脅迫。丙、其所爲須達於足以危害地方之安寧秩序之程度；故如以强脅爲犯他罪之手段時，則不能律以本罪也。

三、恐嚇公衆罪　卽以加害生命、身體、財產之事恐嚇公衆，致生危害於公安之犯罪也（一五一）。本罪爲結果犯，卽其恐嚇之行爲，須生危害公安之結果也。恐嚇指以將來加以惡害之意，通知他人，使生畏怖之行爲，本罪須對不特定之公衆爲之；若對特定人爲之，則爲第三〇五條之罪，而非本罪。

四、妨害合法集會罪　卽以强暴、脅迫或詐術，阻止或擾亂合法之集會之犯罪也（一五二）。所以保護集會結社之自由（憲一四）。阻止謂於開會之前，使之不能集會；擾亂則於集會之際，破壞其秩序。至於該集會是否因而不能開始或繼續，均與本罪之成立無涉。

第二　參與犯罪罪

一、煽惑他人犯罪罪　即以文字、圖畫、演說或他法，公然煽惑他人犯罪，或公然煽惑他人違背法令或抗拒合法之命令之犯罪也（一五三）。其要件有三：甲、須以文字、圖畫、演說或他法爲犯罪之手段，此文字等不以屬於行爲人者爲限。乙、須有公然煽惑之行爲，即對於不特定之人或多數人公然爲之，至他人是否接受煽惑，與本罪之成立無關。丙、須煽惑他人犯罪，或煽惑他人違背法令，或抗拒合法命令，三者有一於此，即足成立犯罪。行爲人在煽惑之際，不以有具體之主張與計劃爲必要。

二、參與犯罪結社罪　即參與以犯罪爲宗旨之結社之犯罪也（一五四）。一經加入，即成立本罪。首謀者處刑較重。犯本罪而自首者，減輕或免除其刑，所以防患未然，鼓勵自新，俾安定社會也。

三、煽惑軍人逃叛罪　即煽惑軍人不執行職務、或不守紀律、或逃叛之犯罪也（一五五）。本罪係平時之犯罪，故與第一〇七條一項三款，係與在外開戰或將開戰期間犯之者不同。懲治奸條例、懲治叛亂條例、陸海空軍刑法均為本罪之特別法，應注意焉。

第三　私招軍隊罪

私招軍隊罪謂未受允准，招集軍隊，發給軍需或率帶軍隊之犯罪也（一五六）。其要件有二：甲、須招集軍隊、發給軍需或率帶軍隊。乙、須未受允准而為之。惟軍人未經長官核准，而私自募兵者，應依陸海空軍刑法第二六條處斷；如代敵國招募軍隊，則又為本法第一〇七條一項二款之罪，均不得以本罪律之也。

第四　挑唆包攬訴訟罪

挑唆包攬訴訟罪謂意圖漁利，挑唆或包攬他人訴訟之犯罪也（一五七1）。漁利即從中取利之意。挑唆即挑撥唆使也，如他人原無興訟之意，而挑撥使其成訟者是。包攬即承擔之意，如不法為他人包辦訴訟者是。訴訟則兼括民刑事訴訟及行政訴訟在內。其以犯本罪為常業者，即恃犯本罪為生者，自應加重其處罰（一五七2）。

第五　冒僭公務員罪

一、僭行公務員職權罪　即冒充公務員而行使其職權之犯罪也（一五八1）。本罪以冒充本國之公務員爲限，故又稱「冒充本國公務員罪」，其要件有二：甲、須冒充公務員，冒充卽無公務員身分，而假冒爲公務員；或無此職權之公務員，而冒爲有此職權之公務員等是。乙、須行使公務員之職權，卽行使其所冒充之公務員之職權也。其冒充外國公務員而行使其職權者，亦同（一五八2），又稱「冒充外國公務員罪」，其所不同者，僅冒充外國之公務員而已。

二、冒用公務員服章官銜罪　卽公然冒用公務員服飾、徽章或官銜之犯罪也（一五九）。其要件有三：甲、須有欺罔他人之故意。乙、須冒用公務員服飾、徽章或官銜。服飾卽法律上規定爲公務員所專用之服裝飾物。徽章謂表示其爲公務員之標識。官銜爲公員之職銜。冒用卽假充使用之意，祇須使一般人信其爲該公務員之服章或官銜者卽足，不必爲眞實者也。惟所冒用者以關於中國公務員者爲限。丙、須公然冒用。陸海空軍刑法第九二條爲本罪之特別法。

第六　侮辱旗徽及遺像罪

一、侮辱民國國旗國徽罪　卽意圖侮辱中華民國，而公然損壞、除去或侮辱中華民國之國徽、國旗之犯罪也（一六〇1）。本罪與第一一八條不同者，在於侵害對象之國徽、國旗屬於外國或中國而已。惟須具有侮辱中華民國之意圖而公然爲之者，始足成立本罪也。

二、侮辱　國父遺像罪　卽意圖侮辱創立中華民國之孫中山，而公然損壞、除去或汚辱其遺像之犯罪也（一六〇2）。孫先生爲創立民國之人，國人尊爲國父，全國國民本崇功報德之意，盡其崇敬之禮，對其遺像故予侮辱，不但褻瀆聖哲，尤與人以不良觀感，故不能無罰。

第八章　脫逃罪

本章之罪以保護基於國權之拘禁作用爲目的，其態樣如次：

第一　拘禁人自行脫逃罪

一、單純脫逃罪　卽依法逮捕、拘禁之人脫逃之犯罪也（一六一1）。其要件有二：甲、本罪主體須爲依法逮捕或拘禁之人，凡自由被拘束於公力監督之下者皆屬之，不以受刑人或在押之被告爲限也。乙、須有脫逃行爲，卽以自力不法回復其自由之行爲也。本罪之未遂犯罰之。

二、加重脫逃罪　又分爲：甲、損壞拘禁處所、械具或施强暴、脅迫而犯脫逃罪（一六一2），拘禁處所卽拘束脫逃人自由之場所。械具則拘束身體自由之器具也。乙、聚衆施强暴、脅迫而逃脫者（一六一3），其首謀及下手實施强暴、脅迫者與在場助勢之人，其刑罰有差。加重脫逃罪之未遂犯均罰之。

第二　使拘禁人脫逃罪

一、**一般使拘禁人脫逃罪**　即縱放依法逮捕、拘禁之人，或便利其脫逃之犯罪也（一六二1）。縱放即代為排除監督之公力，非法予以回復自由也。便利謂對於依法逮捕或拘禁之人予以機會或助力，俾易於脫逃之行為也。惟配偶、五親等內之血親或三親等內之姻親間犯本罪者，得減輕其刑，因其期待可能性較為薄弱也。本罪之未遂犯罰之。

二、**加重使拘禁人脫逃罪**　又分為：甲、損壞拘禁處所、械具，或以強暴、脅迫犯縱放或便利脫逃之罪（一六二2）。乙、聚眾以強暴、脅迫犯縱放或便利脫逃之罪（一六三3），其首謀及下手實施強暴、脅迫者與在場助勢之人，刑罰有差。本罪之未遂犯罰之。

三、**公務員縱放罪**　即公務員縱放職務上依法逮捕、拘禁之人，或便利其脫逃之犯罪也（一六三）。本罪主體，以在職務上對於依法逮捕或拘禁之人，實施監督之公務員為限；非公務員及無此職務之公務員，皆不得為本罪主體。縱放職務上依法逮捕或拘禁之人，即實施監督之公務員，自行不法解除其監督，而使之回復自由也。其因過失而致逮捕或拘禁人脫逃者，亦有處罰規定。本罪之未遂犯罰之。

第九章　藏匿人犯及湮滅證據罪

本章之罪，以保護國家刑事司法權之行使爲目的，其態樣如次：

一、藏匿人犯罪　即藏匿犯人，或依法逮捕、拘禁之脫逃人，或使之隱避之犯罪也（一六四1）。其要件有二：甲、須有藏匿或使之隱避之行爲，藏匿謂行爲者自將人犯隱藏，使受搜查者不能或難於發現也。使之隱避者，謂行爲人指使犯人自爲隱藏或逃避之方法也。乙、所藏匿或使隱避者，須爲犯人或依法逮捕、拘禁之脫逃人。

二、頂替罪　即意圖藏匿犯人，或依法逮捕、拘禁之脫逃人，或使之隱避，而予頂替之犯罪也（一六四2）。其要件有二：甲、須有藏匿犯人，或依法逮捕、拘禁之脫逃人，或使之隱避之意圖，意圖即目的。乙、須有頂替之行爲，頂替即冒稱犯人或脫逃人之姓名，以爲代替。若漫然以自己名義，承認他人所犯之罪者，則非當然成立本罪。至被頂替者確否有罪，與本罪之成立無關。

三、湮滅刑事證據罪　即僞造、變造或隱匿關係他人刑事被告案件之證據，或使用僞造、變造之證據之犯罪也（一六五）。其要件有二：甲、須有僞造、變造、隱匿、湮滅證據，或使用僞造、變造證據之行爲。此等行爲，有一於此，即足成立犯罪。僞造謂虛僞製作也。變造則係就原物加以改作，以變更其證據力也。隱匿即隱藏使人不易發見之意。湮滅謂使證據滅失，或喪失其效用。使用謂充作眞實證據而提供之意。乙、本罪客體須爲關係他人刑事案件之證據。犯本罪而於他人刑事被告案件裁判確定前自白者，減輕或免除其刑（一六六）。

犯人或脫逃人之配偶、五親等內之血親或三親等內之姻親，圖利犯人或依法逮捕、拘禁之脫逃人，而犯本章之罪者，減輕或免除其刑（一六七），蓋亦人情之常，期待可能性較弱也。

第十章　僞證及誣告罪

本章之罪，以保護司法權之確實性爲目的，其態樣如次：

第一　僞證罪

僞證罪即於執行審判職務之公署審判時，或於檢察官偵查時，證人、鑑定人、通譯於案情有重要關係之事項，供前或供後具結而爲虛僞陳述之犯罪也（一六八）。其要件有三：甲、本罪主體以證人、鑑定人、通譯爲限。證人即就他人訴訟案件到庭陳述其所聞見或經過事實之第三人也。鑑定人指公署委任或選任有專門學驗技能，以鑑別特定事件之眞僞或經過之人也。通譯謂經公署委任或選任傳達双方意思表示之第三人。此等人皆爲證據方法，於案情之眞實發見，關係甚大。乙、須於執行審判職務之公署審判時，或於檢察官偵查時，供前或供後具結。供前或供後謂陳述事實之前或後。具結爲確保其陳述爲眞實之表示也。具結前應告以具結之義務與僞證之處罰。丙、須於案情有重要關係之事項爲虛僞之陳述。是否與案情有重要關係，應就具體案件視其是否對裁判或處罰有所影響定之。

第二　誣告罪

一、一般誣告罪　即意圖他人受刑事或懲戒處分，向該管公務員誣告之犯罪也（一六九1）。其要件有二：甲、須有使他人受刑事或懲戒處分之意圖。乙、須向該管公務員誣告。誣告謂明知爲不實之事實，而以之爲眞實，予以申告。一經向該管公務員陳述，本罪即爲既遂。

二、僞造證據誣告罪　即意圖他人受刑事或懲戒處分，而僞造、變造證據，或使用僞造、變造之證據之犯罪也（一六九2）。本罪與誣告罪所不同者，僅誣告之方法有別而已。

三、加重誣告罪　即意圖陷害直系血親尊親屬而犯誣告罪或僞造證據誣告罪者，以其有背倫常，故應加重其刑至二分之一（一七〇）。陷害即基於使其受刑事或懲戒處分之意圖而爲誣告也。直系血親尊親屬即己身所從出之親屬也。

四、準誣告罪　即未指定犯人而向該管公務員誣告犯罪者；或未指定犯人，而僞造、變造犯罪證據，或使用僞造、變造之犯罪證據，致開始刑事訴訟程序者（一七一），二者有一於此，均足成立本罪。未指定人犯謂無犯罪之事實，而誣告有此犯罪事實也。

犯本章之罪，於所虛僞陳述或所誣告之案件，在裁判或懲戒處分確定前自白者，減輕或免除其刑（一七二）。

第十一章　公共危險罪

本章之罪，以保護公共之安全爲目的，其態様如次：

第一　放火罪

放火罪者，謂故意以燃燒特定物爲目的，而縱火之犯罪也。因其所欲燃燒之對象不同，而刑有等差。依本法之規定，其放火之目的物，有如次述：

一、現供人使用之住宅，或現有人所在之建築物、礦坑、火車、電車或其他供水、陸、空公衆運輸之舟、車、航空機（一七三1）。對此等事物放火之未遂犯及預備犯均罰之（一七三34）。

二、現非供人使用之他人所有住宅，或現未有人所在之他人所有建築物、礦坑、火車、電車或其他供水、陸、空公衆運輸之舟、車、航空機（一七四1）。對此等事物放火未遂者有罰（

七四3）。此等事物如屬於自己，而放火燒燬之者，則以致生公共危險爲處罰之條件（一七四2）。

三、前二項以外之他人所有物或自己所有物（一七五1 2），放火燒燬此等事物，以致生公共危險爲成立要件；因其爲自己之物或他人之物而刑有重輕。

第二 失火罪

失火罪者，因過失而釀成火災，燒燬物體之犯罪也。亦因其所燒燬之目的物不同，而刑之輕重有別。其目的物與放火罪者同（一七三2、一七四3、一七五3）；惟失火燒燬前述二、三兩項之物者，以致生公共危險爲成立要件，所應注意者也。

第三 準放火失火罪

準放火失火罪，卽故意或因過失以火藥、蒸氣、電氣或其他爆裂物炸燬本法第一七三條至第一七五條之物，準用各該條放火、失火之規定處斷之犯罪也（一七六）。

第四　漏逸或間隔氣體罪

漏逸或間隔氣體罪，卽漏逸或間隔蒸氣、電氣、煤氣或其他氣體，致生公共危險之犯罪也（一七七）。此等氣體或含毒質，或有爆炸性，如有漏逸或間隔，卽足以誘發公共危險，故以致生公共危險爲構成要件。漏逸卽使氣體洩漏於輸送器之外。間隔卽妨害其流通也。犯本罪因而致人於死或重傷者，加重其刑。

第五　決水罪

決水罪者，以使水流失其常態，爲侵害他人法益之手段之犯罪也。依本法規定，其所侵害之目的物如左：

一、現供人使用之住宅，或現有人所在之建築物、礦坑或火車、電車（一七八1）。

二、現非供人使用之他人所有住宅，或現未有人所在之他人所有建築物或礦坑（一七九1）；其未遂犯罰之。此等事物如屬於自己，而決水浸害之者，則以致生公共危險爲成立要件（一七九2）。

三、前二項以外之他人所有物或自己所有物。決水浸害，此等事物，以致生公共危險爲成立要件；且因其爲自己之物或他人之物而刑有輕重（一八〇1）。

第六　過失決水罪

過失決水罪者，因過失而釀成水災，浸害物體之犯罪也。亦因其所浸害之目的物不同，而刑之輕重有別。其目的物與故意決水罪者同（一七八2、一七九3、一八〇2）；惟因過失浸害前述二、三兩項之物者，以致生公共危險爲成立要件也。

第七　破壞防水蓄水設備罪

破壞防水蓄水設備罪，卽決潰堤防、破壞水閘或損壞自來水池，致生公共危險之犯罪也（一八一）。因過失犯本罪及本罪之未遂犯均有罰。

第八　妨害救災罪

一、一般妨害救災罪　卽於火災、水災之際，隱匿或損害防禦之器械，或以他法妨害救火、防水之犯罪也（一八二）。其要件有二：甲、須在水災、火災發生之際犯之，至其發生之原因，可以不問。乙、須有隱匿或損壞防禦之器械，或以他法妨害救火、防水之行爲。防禦之器械指用以排斥或防止火力或水力之器具或機械，至其爲私有或公有，與本罪之成立無關。以他法妨害救災之行爲，如於災害發生之際，阻止救災人員前往者是。

二、準妨害救災罪　卽於災害之際，關於與公務員或慈善團體，締結供給糧食或其他必需品之契約，而不履行，或不照約履行，致生公共危險之犯罪也（一九四）。其要件有三：甲、本罪主體，須爲與公務員或慈善團體，締結供給糧食或其他必需品契約之人。糧食汎指可供充饑之物。其他必需品，乃指在災害之際所必需使用之物。乙、須於災害之際不履行契約，或不照約履行，卽全不履行契約之內容，或不依契約之內容履行也。丙、須致生公共危險。

第九　妨害交通罪

一、傾覆或破壞現有人在之交通器具罪　卽傾覆或破壞現有人所在之火車、電車，或其他供水、陸、空公共運輸之舟、車、航空機之犯罪也（一八三1）。傾覆指傾倒、顚覆、覆沒等情形而言。破壞謂使其喪失全部或一部之效能也。本罪之過失犯及未遂犯均有罰（一八三24）。從事業務之人，因業務上之過失而犯之者，較一般人因過失犯之者，其刑罰爲重（一八三3）。

二、妨害舟車及航空機行駛安全罪　卽損壞軌道、燈塔、標識，或以他法，致生火車、電車或其他供水、陸、空公衆運輸之舟、車、航空機往來之危險之犯罪也（一八四1）。其要件有二：甲、須有損壞軌道、燈塔、標識，或以他法犯本罪之行爲。標識指一切關於舟、車、航空機等交通安全所設備之各種標記、符號。他法如未領執業憑證而私行引水者是。乙、須發生火車、電車或其他供水、陸、空公衆運輸之舟、車、航空機往來危險之結果。犯本罪因而致火車、電車或其他供水、陸、空公衆運輸之舟、車、航空機傾覆或破壞者，依第一八三條第一項之規定處斷（一八四2）。本罪之過失犯及未遂犯皆有罰（一八四35）。從事業務之人，因業務上之過失犯本罪者，較一般人因過失犯之者之刑爲重（一八四4）。

三、妨害公衆往來安全罪　即損壞或壅塞陸路、水路、橋樑或其他公衆往來之設備，或以他法致生往來之危險之犯罪也（一八五）。其要件有二：甲、須有損害或壅塞陸路、水路、橋樑或其他公衆往來之設備，或以他法犯本罪之行爲。壅塞指以障碍物杜絕通行而言。乙、須致生往來之危險。本罪之未遂犯罰之。犯本罪因而致人於死或重傷者，加重處罰之。

第十　危險物罪

一、單純危險物罪　即未受允准，而製造、販賣、運輸或持有炸藥、棉花藥、雷汞或其他相類之爆裂物或軍用槍礮、子彈，而無正當理由之犯罪也（一八六）。其要件有二：甲、須有製造、販賣、運輸或持有炸藥、棉花藥、雷汞或其他相類之爆裂物，或軍用槍礮、子彈之行爲。製造兼指創製、改造等情形而言。爆裂物謂有爆發性、破壞力，可於瞬間破壞人或物之物體也。炸藥等乃例示之規定，自不以所列舉之物爲限。乙、須未受允准，且無正當理由。未受允准謂無有權機關之允許也。然如有正當理由時，如在不受公力保護之區域，持有軍用槍彈，以防匪患，或爲人擦槍等是，仍不得以本罪律之。故必未受允准，且無正當理由者，始成立本罪也。

二、加重危險物罪　卽意圖供自己或他人犯罪之用，而製造、販賣、運輸或持有炸藥、棉花藥、雷汞或其他相類之爆裂物，或軍用槍礮、子彈之犯罪也（一八七）。本罪與單純危險物罪所不同者，在彼爲未受允准，且無正當理由；在此則爲意圖供犯罪之用耳。本罪常爲犯他罪之方法行爲，所宜注意者也。

第十一　妨害公用事業罪

妨害公共事業罪者，卽妨害鐵路、郵務、電報、電話，或供公衆之用水、電氣、煤氣事業之犯罪也（一八八）。本罪之要件有二：甲、須有妨害之行爲。妨害卽妨碍擾害之意，其方法並無限制。乙、所妨害者須爲鐵路、郵務、電報、電話或供公衆之用水、電氣、煤氣事業。惟本罪爲補充規定，凡有獨立規定者，自應適用各該條科處，如第一三三條、第三一五條等是。

第十二　損壞保護生命設備罪

損壞保護生命設備罪者，即損壞鑛坑、工廠或其他相類之場所內，關於保護生命之設備，致生危險於他人生命之犯罪也（一八九1）。其要件有二：甲、須有損壞礦坑、工廠或其他相類場所內，關於保護生命設備之行爲。其他相類之場所，乃指多數人集合從事勞動之場所而言。關於保護生命之設備，即保護生命安全之設備。此等設備有規定於法令者（如工廠法、礦場法等是），有不然者，其有特別規定者，自應從其規定。乙、須致生危險於他人之生命。本罪之未遂犯罰之（一八九5）；犯本罪因而致人於死或重傷者，加重其刑（一八九2）。因過失犯本罪者，亦因普通過失與業務過失而異其處罰（一八九34）。

第十三　妨害衛生罪

一、**妨害公衆飲水罪**　即投放毒物或混入妨害衛生物品於供公衆所飲之水源、水道或自來水池之犯罪也（一九〇）。其要件有二：甲、須有投放毒物或混入妨害衛生物品之故意與行爲。毒物及妨害衛生物品，指物之本質含有有害於人之生命或健康之素質。乙、須投放或混入於供公衆所飲之水源、水道或自來水池。故供洗滌、灌漑等用之水源等，則非本罪保護之對象。本罪之未遂犯、過失犯均罰之；犯本罪因而致人於死或重傷者，加重其刑。

二、製造販賣妨害衛生物品罪　即製造、販賣或意圖販賣而陳列妨害衛生之飲食物品或其他物品之犯罪也（一九一）。其要件有二：甲、須有製造、販賣或意圖販賣而陳列之行爲。乙、所製造、販賣或意圖販賣而陳列者，須爲妨害衛生之飲食物品或其他物品。妨害衛生之飲食物品，謂有害身體健康之食用物品。其他物品，亦指有礙衛生之物品而言，如藥品、化粧品、有害衛生之玩具等。

三、違背預防傳染病法令罪　即違背關於預防傳染病所公布之檢查或進口之法令之犯罪也（一九二1）。其要件有二：甲、須有違背特定法令之行爲。不問其結果如何，均成立本罪。乙、所違背者，須爲關於預防傳染病所公布之檢查或進口法令。其內容依法令所規定者決之，故稱爲「空白刑法」。

四、散布傳染病菌罪　即暴露有傳染病菌之屍體，或以他法散布病菌，致生公共危險之犯罪也（一九二2）。其要件有二：甲、須有暴露有傳染病菌之屍體，或以他法散布病菌之行爲。其散布之方法如何，在所不問。乙、須致生公共危險。

第十四　違背建築術成規罪

違背建築術成規罪，謂承攬工程人或監工人於營造或拆卸建築物時，違背建築術成規，致生公共危險之犯罪也(一九三)。本罪要件有三:甲、本罪主體以承攬工程人或監工人爲限。乙、須於營造或拆卸建築物時,有違背建築術成規之行爲。建築術成規,卽工事建築技術上爲一般人所承認之法則,不以法令有明文規定者爲限也。丙、須有致生公共危險之結果。

第十二章 僞造貨幣罪

本章之罪,以保護貨幣在社會經濟生活中之信用爲目的,其態樣如次:

第一 僞造變造通用幣券罪

僞造變造通用幣券罪,卽意圖供行使之用,而僞造、變造通用之貨幣、紙幣、銀行券之犯罪也(一九五)。其要件有二:甲、須有僞造、變造通用之貨幣、紙幣、銀行券之行爲。僞造謂無製作權者而摹擬眞物製造之。變造謂就眞物變更其價値也。通用貨幣指硬幣而言。銀行券則爲經政府許可由銀行發行之兌換券,亦可作爲交易用者,如新臺幣是。其未經許可者,則爲有價證券。乙、須有供行使之用之意圖。本罪之未遂犯罰之。

第二 行使僞造變造幣券罪

一、單純行使罪 卽行使僞造、變造之通用貨幣、紙幣、銀行券之犯罪也(一九六1前段）。本罪須明知其爲僞造或變造之幣券，而予行使；否則不罰。如行使自己所僞造或變造之幣券，則從一重處斷；若由他人僞造者，則又須以收集或收受等行爲爲前提。本罪之未遂犯罰之。

二、收集或交付僞造幣券罪　卽意圖供行使之用，而收集僞造、變造之通用貨幣、紙幣、銀行券，或交付於人之犯罪也（一九六1後段）。本罪須基於供行使之用之意圖而爲之，始得成罪；否則不罰。交付謂脫離自己持有，而移轉於他人也，其情形有二：一爲假充眞實之幣券，給付與人；二爲告知他人爲贋品，而以之交換眞正之通貨，二者有一，卽可成立本罪。本罪之未遂犯罰之。

三、收受後知爲僞幣而仍或交付行使罪　卽收受後方知爲僞造、變造之通用貨幣、紙幣、銀行券而仍行使，或意圖供行使之用而交付於人之犯罪也（一九六2）。收受謂取得幣券之持有權也，其持有之原因及方法如何，皆所不問。然必有行使之行爲；或基於行使之意圖而交付於人者，始得成立本罪也。

第三　減損通用貨幣分量罪

減損通用貨幣分量罪，謂意圖供行使之用而減損通用貨幣之分量之犯罪也（一九七）。其要件有二：甲、須有減損通用貨幣分量之行爲。通用貨幣均有一定之分量，不容減損，致影響幣信。

乙、須有供行使之用之意圖。

第四　行使減損分量之貨幣罪

行使損減分量之貨幣罪，謂「行使減損分量之通用貨幣，或意圖供行使之用，而收集或交付於人者。」或「收受後方知為減損分量之通用貨幣而仍行使，或意圖供行使之用而交付於人者」之犯罪也。「第一項之未遂犯罰之。」（一九八）。其析義與行使偽造變造幣券罪同。

第五　預備偽造變造貨幣罪

預備偽造變造貨幣罪者，謂意圖供偽造變造通用之貨幣、紙幣、銀行券，或意圖供減損通用貨幣分量之用，而製造、交付或收受各項器械原料之犯罪也（一九九）。其要件有三：甲、須有製造、交付或收受之行為。乙、所製造、交付或收受者，須為關於偽造、變造或減損貨幣分量之各項器械、原料。丙、須有供偽造、變造通用貨幣、紙幣、銀行券，或減損通用貨幣分量之意圖。

第六　本章各罪沒收之特例

犯本章之罪者，其偽造、變造之通用貨幣、紙幣、銀行券、減損分量之通用貨幣，或意圖供偽造、變造通用之貨幣、紙幣、銀行券，或意圖供減損分量之用，而製造、交付或收受之各項器械、原料等，不問屬於犯人與否，均沒收之（二〇〇）。

第十三章　偽造有價證券罪

本章之罪以保護證券之信用為目的。其態樣如次：

一、**偽造有價證券罪**　即意圖供行使之用，而偽造、變造公債票、公司股票或其他有價證券之犯罪也（二〇一）。其要件有二：甲、須有偽造、變造公債票、公司股票或其他有價證券之行為。有價證券乃將財產權表示於證券之上，而與該證券有不可分關係者也，公債券等不過例示而已。乙、須有供行使之用之意圖。

二、**行使偽造有價證券罪**　即行使偽造、變造之公債券、公司股票或其他有價證券，或意圖供行使之用，而收集或交付與人之犯罪也（二〇一之2）。其析義與行使偽造變造幣券罪同。

三、**偽造郵票印花稅票罪**　即意圖供行使之用，而偽造、變造郵票或印花稅票之犯罪也（二〇二之1）。其要件有二：甲、須有偽造、變造郵票或印花稅票之行為。乙、須有供行使之用之意圖。

四、行使僞造郵票印花稅票罪　卽行使僞造、變造之印花稅票，或意圖供行使之用而收集或交付於人之犯罪也（二〇二2）。其析義與行使僞造變造幣券罪同。

五、塗抹郵票印花稅票上之符號罪　卽意圖供行使之用，而塗抹郵票或印花稅票上之註銷符號之犯罪也（二〇二3）。其要件有二：甲、須有塗抹郵票或印花稅票上註銷符號之行爲。塗抹不限於塗改或抹擦，卽將註銷符號撕去一部分，而以其他殘餘部分與之結合，使與未蓋註銷符號相同者之行爲，亦屬之。乙、須有供行使之用之意圖。

六、僞造往來客票罪　卽意圖供行使之用，而僞造、變造船票、火車票、電車票或其他往來客票之犯罪也（二〇三前段）。其要件有二：甲、須有僞造、變造船票、火車票、電車票或其他往來客票之行爲。乙、須有供行使之用之意圖。其行使之者，亦同其處罰（同上後段）。

七、預備僞造有價證券罪　卽意圖供僞造、變造有價證券、郵票、或印花稅票之用，而製造、交付或收受各項器械、原料之犯罪也（二〇四）。其析義與預備僞造變造貨幣罪同。

八、本章各罪沒收之特別規定　犯本章之罪者，其僞造、變造之有價證券、郵票或印花稅票，及意圖供僞造、變造有價證券、郵票或印花稅票之用，而製造、交付或收受之各項器械、原料，不問屬於犯人與否，沒收之（二〇五）。至於塗抹註銷符號之郵票、印花稅票，僞造、變造之往來客票，仍得依第三十八條三項之規定沒收之也。

第十四章　僞造度量衡罪

本章之罪，仍以保護交易上之信用與安全爲目的，其態様如次：

一、**僞造度量衡罪**　卽意圖供行使之用，而製造違背定程之度量衡，或變更度量衡之定程之犯罪也（二〇六）。其要件有二：甲、須有製造違背定程之度量衡或變更度量衡定程之行爲。度以計長短，如尺、丈；量以計容積，如升、斗；衡以權輕重，如戥、稱，皆有法定之標準，謂之定程。乙、須有供行使之用之意圖。

二、**販賣違背定程之度量衡罪**　卽意圖供行使之用而販賣違背定程之度量衡之犯罪也（二〇七）。販賣指一切之售賣行爲而言。然須有供行使之用之意圖，始成立本罪。

三、**行使違背定程度量衡罪**　卽因單純之行使行爲而成立之犯罪（二〇八1）。行使卽以違背定程之度量衡，而充合於定程者使用之也。如從事業務之人，關於其業務而行使違背定程之度量衡者，如米店使用不合定程之升斗交易是，則須加重其刑（二〇八2）。

四、**本章各罪沒收之特別規定**　違背定程之度量衡，不問屬於犯人與否，沒收之（二〇九）。

第十五章　僞造文書印文罪

本章之罪，以保護文書印文之公信力爲目的，而策社會生活之安全也。其態樣如次：

第一　僞造變造文書罪

一、**僞造變造私文書罪**　卽僞造、變造私文書，足以生損害於公衆或他人之犯罪也（二一〇）。其要件有二：甲、須有僞造、變造私文書之行爲。私文書謂私人或人民團體所製作之文書也，卽以文字或符號爲一定意思表示之有體物，皆文書也。乙、須足以生損害於公衆或他人，卽使公益或私益蒙受影響也。

二、**僞造變造公文書罪**　卽僞造、變造公文書，足以生損害於公衆或他人之犯罪也（二一一）。公文書卽公務員職務上製作之文書也。餘同前。

三、**僞造變造證書介紹書罪**　卽僞造、變造護照、旅券、免許證、特許證及關於品行、能力、服務或其他相類之證書、介紹書，足以生損害於公衆或他人之犯罪也（二一二）。其要件有二：甲、須有僞造、變造法文列舉之證書、介紹書等之行爲。免許證如律師免試合格證書；特許證如醫師證書或專賣憑證等；關於品行能力服務之證書如修業證書、成績單、身份證等是。乙、須足以生損害於公衆或他人。

四、公務員登載不實罪　即公務員明知爲不實之事項，而登載於職務上所掌之公文書，足以生損害於公衆或他人之犯罪也(二一三)。其文書之形式爲眞，而內容虛僞，學者稱之爲「無形僞造文書」。其要件有四：甲、本罪主體須爲公務員。乙、須明知所登載者爲不實之事項。丙、須登載於職務上所掌之公文書。丁、須足以生損害於公衆或他人；否則不爲罪。

五、使公務員登載不實罪　即明知爲不實之事項，而使公務員登載於職務上所掌之公文書，足以生損害於公衆或他人之犯罪也(二一四)。其要件有四：甲、本罪主體須爲普通人或非職務上掌理該公文書之公務員。乙、須明知爲不實之事項。丙、須有使公務員登載於職務上所掌公文書之行爲。丁、須足以生損害於公衆或他人。本罪之特徵爲公務員不知其爲不實，而予以登載。

六、從事業務者登載不實罪　即從事業務之人，明知爲不實之事項，而登載於其業務上作成之文書，足以生損害於公衆或他人之犯罪也（二一五）。從事業務之人如醫師、律師等是，如律師撰狀，記載不實事項；醫師代人僞造傷單等是。

第二　行使僞造變造文書罪

行使僞造變造文書罪，謂行使第二百十條至第二百十五條之文書之犯罪也（二一六）。行使謂提出此等文書以主張權利，或爲證據方法，或作其他證明之用也。本罪未設獨立刑度，行使各該條之僞造文書者，卽適用其法定刑處斷也。

第三　僞造印章印文罪

一、僞造印章印文罪　卽僞造印章、印文或署押，足以生損害於公衆或他人之犯罪也（二一七1）。其要件有二：甲、須有僞造他人印章、印文或署押之行爲。印章指印顆而言。印文指印顆所現出之印影，或以他法製作之印影而言。署押則謂由人簽署之文字或記號，如簽名、指紋、十字等是。乙、須足以生損害於公衆或他人。

二、盜用印章或印文罪　卽盜用印章、印文或署押，足以生損害於公衆或他人之犯罪也（二一七）。盜用謂無使用之權，而擅用他人之物也。

三、僞造公印或公印文罪　其要件有二：甲、須有僞造之行爲。乙、所僞造者須爲公印或公印文。公印爲公署之印信，或公務員之官印。本罪不以損害於公衆或他人爲要件（二一八1）。

四、盜用公印或公印文罪　本罪以足以生損害於公衆或他人爲要件（二一八2）。

第四　本章各罪沒收之特例

僞造之印章、印文或署押，不問屬於犯人與否，沒收之（二一九）。適用時應注意刑事訴訟法第四七八條之規定。

第五　關於文書範圍之補充規定

在紙上或物品上之文字、符號，依習慣或特約，足以爲表示其用意之證明者，關於本章之罪，以文書論（二二〇）。文書乃汎指公私文書及護照、旅劵等特種文書而言。

第十六章　妨害風化罪

妨害風化，卽違反善良風俗也。本章之罪，以保護正當性生活之秩序爲目的，故以違反性道德爲其特質。其態樣如次：

第一　姦淫罪

一、強姦罪　卽對於婦女以强暴、脅迫、藥劑、催眠術或他法，至使不能抗拒而姦淫之之犯罪也（二二一1）。其要件有三：甲、本罪之直接正犯，以男子爲限。女子僅得爲本罪之共犯或間接正犯。乙、須以强暴、脅迫、藥劑、催眠術或他法使婦女達於不能抗拒之程度。婦女不問已嫁未嫁，或年齡大小。丙、須有姦淫之行爲。姦淫指異性間之性交而言。本罪之未遂犯罰之。既遂、未遂之區別，以兩性之生殖器官已否接合爲準，不以滿足性慾爲限。

二、準强姦罪　卽姦淫未滿十四歲之女子，以强姦論也（二二一2）。其要件有二：甲、本罪之被害人須爲未滿十四歲之女子。惟已婚者不得爲本罪之被害人。乙、須有和姦之行爲。謂双方和意姦淫也，如以强脅等方法至使不能抗拒而姦淫之者，仍應論以强姦罪，而非本罪也。本罪之未遂犯罰之。

三、輪姦罪　卽二人以上輪流强姦婦女，或姦淫未滿十四歲女子之犯罪也（二二二）。其要件有三：甲、本罪主體須有二人以上，且皆爲男子。乙、須有輪姦行爲。卽有二人以上輪流姦淫之既遂行爲。丙、須爲輪流强姦婦女，或輪姦未滿十四歲之未婚女子。

四、强姦故意殺人罪　卽犯强姦罪而故意殺被害人之犯罪也（二二三）。其要件有二：甲、須犯强姦罪。犯强姦罪指强姦罪、準强姦罪及其未遂罪、輪姦罪等而言。乙、須故意殺被害人。本罪爲結合犯，若殺被害人未遂者，則應分別强姦之既遂或未遂，與殺人未遂，依數罪併罰處斷，而不以本罪律之。

五、乘機姦淫罪　卽對於婦女乘其心神喪失，或其他相類之情形，不能抗拒而姦淫之之犯罪也（二二五）。其要件有三：甲、本罪主體須爲男子。乙、本罪之被害人須爲婦女。丙、須乘其心神喪失，或其他相類情形，不能抗拒之際而姦淫之，例如於婦女酒醉或熟睡之際而姦淫之者。本罪之未遂犯罰之。

六、姦淫幼女罪　即姦淫十四歲以上未滿十六歲女子之犯罪也（二二七1）。其要件有三：甲、本罪主體以男子爲限。乙、本罪被害人以十四歲以上未滿十六歲之未婚女子爲限。丙、須有和姦之行爲。

七、利用權勢姦淫罪　即對於因親屬、監護、敎養、救濟、公務或業務關係，服從自已監督之人，利用權勢而姦淫之犯罪也（二二八前段）。其要件有三：甲、本罪主體須與被害人之間有特定之關係。親屬關係依民法第九六七條、第九六九條之規定。監護關係依民法第一〇九一條以下之規定。敎養關係指敎育、扶養等關係而言。救濟關係如救濟院之於被收容者。公務關係如長官之於僚屬等。業務關係如醫生之與患者。乙、本罪之被害人，須爲現服從行爲者監督之人。丙、須利用監督之權勢而姦淫之。

八、詐術姦淫罪　即以詐術使婦女誤信爲自己配偶，而聽從姦淫之犯罪也（二二九）。其要件有三：甲、本罪之主體以男子爲限。乙、本罪被害人以已婚之婦女爲限。丙、須以詐術使婦女誤信爲自己配偶，而聽從姦淫。即使婦女誤信爲其夫，而同意姦淫也。

九、血親和姦罪　即直系或三親等內旁系血親相和姦之犯罪也（二三〇）。其要件有二：甲、本罪主體須爲直系或三親等內旁系血親。乙、須有相和姦之行爲。

十、引誘良家婦女姦淫罪　即意圖營利，引誘或容留良家婦女與他人姦淫之犯罪也（二三一1）。其要件有二：甲、須有引誘或容留良家婦女與他人姦淫之行爲。容留即提供婦女與人姦淫之場所也。引誘謂勾引、誘惑或介紹等之行爲也。良家婦女謂現不以與他人姦淫爲常習之人也，其曾爲娼妓而現已停業者，亦不得謂非本條之良家婦女。乙、須有營利之意圖，即具有得財產上利益之目的，至已否獲有實際利益，則與本罪之成立無關。以犯本罪爲常業者，加重處罰。公務員包庇他人犯之者，加重其刑至二分之一。

十一、引誘服從監督權人或妻與他人姦淫罪　即意圖營利，引誘或容留對於因親屬、監護、教養、救濟、公務或業務關係，服從自己監督之良家婦女，或夫引誘或容留妻，與他人姦淫之犯罪也（二三二）。其要件有四：甲、本罪主體與被誘人之間，須有特定關係，或具有夫妻之身分。乙、被害人須爲良家婦女。丙、有引誘或容留使之與他人姦淫之行爲。丁、須有營利之意圖。

十二、引誘未滿十六歲女子與人姦淫罪　其要件有二：甲、本罪被害人須爲未滿十六歲之女子。乙、須有引誘其與他人爲姦淫之行爲（二三三）。

第二　猥褻罪

一、**强制猥褻罪**　即對於男女以强暴、脅迫、藥劑、催眠術或他法，至使不能抗拒而爲猥褻行爲之犯罪也（二二四1）。其要件有三：甲、本罪之被害人爲滿十六歲之男女。乙、須以强暴、脅迫、藥劑、催眠術或他法，使被害人達於不能抗拒之程度。丙、須有猥褻之行爲。猥褻指姦淫以外違背善良風俗之一切色慾衝動行爲而言。故僅以言語調戲、或擁抱、接吻，尚不能以本罪律之。

二、**準强制猥褻罪**　即對於未滿十四歲之男女爲猥褻行爲之犯罪也（二二四2）。參照準强姦罪之析義。

三、**乘機猥褻罪**　即對於男女乘其心神喪失或其他相類之情形，不能抗拒，而爲猥褻行爲之犯罪也（二二五2）。參照乘機姦淫罪之析義。

四、**猥褻幼年男女罪**　即對於十四歲以上未滿十六歲之男女爲猥褻行爲之犯罪也（二二七2）。參照姦淫幼女罪之析義。

五、**利用權勢猥褻罪**　即對於因親屬、監護、教養、救濟、公務或業務關係服從自己之人，利用權勢爲猥褻行爲之犯罪也（二二八後段）。參照利用權勢姦淫罪之析義。

六、使人爲猥褻行爲罪　即意圖營利使人爲猥褻行爲之犯罪也（二三一2）。其要件有二：甲、須使人爲猥褻之行爲。包括引誘或容留之行爲在內。乙、須有營利之意圖。以犯本罪爲常業者，加重處罰。公務員包庇他人犯之者，加重其刑至二分之一。

七、引誘未滿十六歲男女與人猥褻罪　參照引誘未滿十六歲女子與人姦淫罪之析義（三三三）。

八、公然猥褻罪　即公然爲猥褻行爲之犯罪也（二三四）。即使不特定多數人得以共見共聞之猥褻行爲也。

九、散布猥褻物品罪　即散布或販賣猥褻之文字、圖畫及其他物品，或公然陳列，或以他法供人觀覽之犯罪也（二三五1）。其要件有二：甲、須有散布、販賣、公然陳列或以他法供人觀覽之行爲。散布謂使不特定多數人獲知其內容也。公然陳列卽置於不特定人可得目覩之狀態。以他法供人觀覽，如放映春宮影片等是。乙、本罪目的物須爲猥褻之文字、圖畫或物品。

十、製造猥褻物品罪　即意圖販賣而製造、持有猥褻之文字、圖畫或其他猥褻物品之犯罪也（二三五2）。其要件有二：甲、須有製造或持有猥褻之文字、圖畫或其他猥褻物品之行爲。乙、須有販賣之意圖。

第三　強姦罪與強制猥褻罪之結果加重犯

犯强姦罪、準强姦罪、乘機姦淫罪、强制猥褻罪、準强制猥褻罪或乘機猥褻罪，及各該罪有未遂規定之未遂罪，因而致被害人於死或重傷，加重其刑（二二六1）。其因而致被害人羞忿自殺，或意圖自殺而致重傷者，亦同（二二六2）。

第四　本章各罪之追訴

第二百二十一條至第二百三十條之罪，須告訴乃論（二三六）。如無合法之告訴，不得開始偵查或審判程序。

第十七章　妨害婚姻及家庭罪

本章之罪，以保障婚姻關係之安全，保全家庭之幸福爲主旨。其態様如次：

第一　妨害婚姻罪

一、重婚罪　即有配偶而重爲婚姻，或同時與二人以上結婚之犯罪也（二三七前段）。其要件有二：甲、本罪之主體，無男女之限制，惟須已有配偶，現尚存在者。乙、須有重婚，或同時與二人以上結婚之行為。重為婚姻或結婚，指已完成結婚之儀式（民九八二）者而言，至是否合否同居，於本罪之成立無關。

二、相婚罪　即與有配偶之人結婚之犯罪也（二三七後段）。其要件有二：甲、須知與自己結婚者已有配偶，或同時與二人以上結婚。乙、須與之相結婚。

三、詐術締婚罪　即以詐術締結無效或得撤銷之婚姻，因而致婚姻無效之裁判，或撤銷婚姻之裁判確定之犯罪也（二三八）。其要件有二：甲、須以詐術締結無效或得撤銷之婚姻。詐術即使人陷於錯誤之不正方法　締結婚姻即結婚之意。婚姻無效及得撤銷之原因，依民法第九八八條至第九九七條之規定。乙、須因而致婚姻無效之裁判，或撤銷婚姻之裁判確定。

四、通姦罪　即有配偶而與人通姦之犯罪也（二三九前段）。其要件有二：甲、本罪主體須為現有配偶之人，不限性別。乙、須有與他人和姦之行為。本罪原為告訴乃論；惟其配偶予以縱容或宥恕者，則不得告訴（二四五）。

五、相姦罪　即認識與自己通姦者為有配偶之人，而與之和姦也（二三九後段）。參照相婚罪之析義。

第二　妨害家庭罪

一、和誘罪　即和誘未滿二十歲之男女脫離家庭，或其他有監督權人之犯罪也（二四〇1

）。其要件有三：甲、被誘者須爲未滿二十歲之男女。卽民法上之未成年人也，惟以無配偶者爲限。乙、須有和誘行爲。卽以强暴、脅迫或詐術以外之方法，得被誘人之同意，或被誘人有自主之意思而引誘之。丙、須使之脫離家庭，或其他有監督權之人。卽使家庭或監督權人陷於不能行使監督權之狀態。其他監督權人如敎師之於學生，養親之於養子女等是。本罪之未遂犯罰之。

二、和誘有配偶人罪　卽和誘有配偶之人脫離家庭之犯罪也（二四〇2）。其要件有二：甲、被誘者須爲有配偶之人，而無年齡、性別之限制。乙、須和誘使之脫離家庭。本罪之未遂犯罰之。

三、加重和誘罪　卽意圖營利，或意圖使被誘人爲猥褻之行爲或姦淫，而和誘未滿二十歲之男女脫離家庭或其他有監督權之人，或和誘有配偶之人脫離家庭之犯罪也（二四〇3）。其要件有三：甲、被誘人須爲未滿二十歲之男女，或有配偶之人。乙、須犯和誘罪或和誘有配偶人罪。丙、須有營利之意圖，或使被誘人爲猥褻行爲或姦淫之意圖。本罪之未遂犯罰之。

四、略誘罪　卽略誘未滿二十歲之男女。脫離家庭或其他有監督權人之犯罪也（二四一1）。略誘謂以强暴、脅迫、詐術或其他不正方法，使被誘人反乎自己意思，而脫離現狀，入於行爲人實力支配之下也。參照和誘罪之析義。本罪之未遂犯罰之。

五、準略誘罪　卽和誘未滿十六歲之男女，以略誘論也（二四一3）。其要件有三：甲、被略誘人須爲未滿十六歲之男女而未結婚者。乙、須有和誘行爲。丙、須使被誘人脫離家庭或其他有監督權之人。本罪之未遂犯罰之。

六、加重略誘罪　卽意圖使被誘人爲猥褻之行爲或姦淫，而略誘未滿二十歲之男女脫離家庭，或其他有監督權人之犯罪也（二四一2）。參照加重和誘罪之析義。本罪之未遂犯罰之。

第三　移送被誘人出國罪

移送被誘人出國罪，謂移送和誘或略誘之未滿二十歲男女，或移送和誘有配偶之人出中華民國領域外之犯罪也（二四二）。其要件有二：甲、被移送者須爲第二四〇條與第二四一條之被誘人。卽未滿二十歲之男女，有配偶之人，未滿十六歲之男女等是。乙、須有移送出中華民國領域外之行爲。移送卽自民國領域內送至民國領域外也。民國領域外卽不屬於民國之區域，至其是否屬於他國，或是否已達被移送之目的地，均與本罪之成立無關。本罪之未遂犯罰之。

第四　收受藏匿被誘人罪

收受藏匿被誘人罪，謂意圖營利，或意圖使被和誘、略誘脫離家庭或其他有監督權人之未滿二十歲男女，被和誘脫離家庭之有配偶人、或被和誘之未滿十六歲男女爲猥褻行爲或姦淫，而收受、藏匿被誘人，或使之隱避之犯罪也（二四三）。其要件有二：甲、須有收受、藏匿被誘人，或使之隱避之行為。被誘人即所列舉之人。乙、須有營利或使被誘人為猥褻行為或姦淫之意圖。

本罪之未遂犯罰之。

第五　本章減刑之特例

犯第二百四十條至第二百四十三條之罪，於裁判宣告前送回被誘人，或指明所在地，因而尋獲者，得減輕其刑（二四四）。

第六　本章各罪之追訴

第二百三十八條、第二百三十九條之罪，及第二百四十條第二項之罪，須告訴乃論。惟第二百三十九條之罪，配偶縱容或宥恕者，不得告訴（二四五）。縱容即事前之放縱容許；宥恕則為事後之宥諒寬恕也。

第十八章　褻瀆祀典及侵害墳墓屍體罪

本章之罪，以保護宗教信仰與傳統之倫理為其特質，亦即所以保護社會善良之風俗也。其態條如次：

一、侮辱宗教建築物或紀念場所罪　即對於壇廟、寺觀、教堂、墳墓或公衆紀念場所公然侮辱之犯罪也（二四六）。其要件有二：甲、須有公然侮辱之行爲。乙、須對於壇廟、寺觀、教堂、墳墓或公衆紀念場所爲之。壇廟、寺觀謂宗教之建築物，然以依寺廟登記條例登記者爲限。教堂指教徒禮拜、說教、紀念之場所。公衆紀念處所不以關於宗教者爲限。

二、妨害祭禮說教罪　即妨害喪、葬、祭禮、說教、禮拜之犯罪也（二四六2）。其要件有二：甲、須有妨害之行爲。乙、所妨害者須爲喪禮、葬禮、祭禮、說教、禮拜。說教卽宣傳宗教之意。禮拜乃對於宗教信仰，且爲多數不特定人所能參與之禮拜所，如建醮禮佛之類。

三、侵害屍體罪　即損壞、遺棄、汚辱或盜取屍體之犯罪也（二四七）。其要件有三：甲、須有損壞、遺棄、汚辱或盜取之行爲。損壞謂物質之損壞也，如支解、焚燒之類。遺棄卽有殮葬屍體義務者，不依習慣方法殮葬；或無義務者而有積極之移棄情形等是。汚辱指汚穢或侮辱而言。盜取卽不法移置於自己支配之下者也。乙、須有故意。故如依習慣火葬，或依法解剖者，皆不成立本罪。丙、所損壞、遺棄、汚辱或盜取者須爲人類之屍體。本罪之未遂犯罰之。

四、準侵害屍體罪　即損壞、遺棄或盜取遺骨、遺髮、殮物或火葬之遺灰之犯罪也（二四七2）。其要件有二：甲、須有損壞、遺棄或盜取之行為。乙、所損壞、遺棄或盜取者，須為人類之遺骨、遺髮、殮物或火葬之遺灰。本罪之未遂犯罰之。

五、發掘墳墓罪　其要件有二：甲、須有無故發掘之行為。即以不法目的，開發穿掘之行為也。乙、須發掘墳墓。本罪之未遂犯罰之（二四八）。

六、加重發掘墳墓罪　本罪為結合犯，其態樣有二：甲、發掘墳墓侵害屍體罪，即發掘墳墓而損壞、遺棄、污辱或盜取屍體之犯罪也（二四九1）。此乃發掘墳墓罪與侵害屍體罪之結合犯。乙、發掘墳墓而犯準侵害屍體罪，即發掘墳墓而損壞、遺棄或盜取遺骨、遺髮、殮物或其他火葬遺灰之犯罪也（二四九2）。此乃發掘墳墓罪與準侵害屍體罪之結合犯。

七、特別加重發掘墳墓罪　即對於直系血親尊親屬犯侵害屍體罪、準侵害屍體罪、或加重侵害屍體罪者，加重其刑至二分之一（二五〇）。

第十九章　妨害農工商罪

本章之罪，以保護一般民生之安全為目的，其態樣如次：

第一　妨害販運罪

妨害販運罪，謂以强暴、脅迫或詐術，妨害販運穀類及其他公共所需之飲食物品，致市上生缺乏者；或妨害販運種子、肥料、原料及其他農業、工業所需之物品，致市上生缺乏者之犯罪也（二五一）。其要件有三：甲、須有妨害販運所列擧之物之行爲。乙、須以强暴、脅迫或詐術爲妨害販運之手段，如詐稱某地穀價下跌，阻止前往販賣者是。丙、須因妨害販運致市上生缺乏，卽因而發生供不應求之現象也。本罪之未遂犯罰之。違反糧食管理治罪條例爲本罪之特別法，所宜注意者也。

第二　妨害農事水利罪

妨害農事水利罪，謂意圖加損害於他人，而妨害其農事上之水利之犯罪也（二五二）。其要件有二：甲、須有妨害他人農事上水利之行爲。農事上水利，卽用以爲農事灌溉之水利也，其用以養魚或晒鹽者，自不在此限。乙、須有加損害於他人之意圖。他人指有用水權之人；如行爲人因行使用水權而妨害他人者，自不得以本罪律之。

第三　妨害商標商號罪

一、僞造仿造商標商號罪　卽意圖欺騙他人而僞造或仿造已登記之商標、商號之犯罪也

（二五三）。其要件有二：甲、須有僞造、仿造已登記之商標、商號之行爲。僞造謂假冒他人之商標、商號，與原來並無二致者。仿造即以自己之商標、商號仿肖他人之商標、商號，而使人誤信爲眞者也。商標即用以表彰自己商品之文字、圖畫也。商號乃以文字表彰自己營業之牌號，如人之有名字者。乙、須有欺騙他人之意圖。故因犯本罪而得利者，不再論以詐欺罪也。

二、販運僞造仿造商標商號之貨物罪　即明知爲僞造或仿造之商標、商號之貨物而販賣，或意圖販賣而陳列，或自外國輸入之犯罪也（二五四）。其要件有二：甲、須明知爲僞造、仿造商標、商號之貨物。乙、須有販賣，或意圖販賣而陳列，或自外國輸入之行爲，三者有一於此，即可成立本罪。

三、對於商品爲虛僞標記罪　即意圖欺騙他人，而就商品之原產國或品質，爲虛僞之標記或其他表示之犯罪也（二五五1）。其要件有二：甲、須有就商品之原產國或品質爲虛僞之標記或其他表示之行爲。原產國即原出產之國家，與製造之所在地無關。品質即商品之質料。爲虛僞之標記或表示，例如以日貨標記爲美貨，或以外貨冒充爲國貨等是。乙、須有欺騙他人之意圖。

四、販運虛僞標記之商品罪　即明知爲就原產國或品質，爲虛僞標記或其他表示之物品而販賣，或意圖販賣而陳列，或自外國輸入之犯罪也（二五五2）。參照販運僞造仿造商標、商號之貨物罪之析義。

第二十章　鴉片罪

本章之罪，以保護國民身體之健康，防止國民生活之頹廢爲目的，其態樣如次：

第一　製造烟毒罪

一、栽種罌粟罪　即意圖供製造鴉片、嗎啡之用，而栽種罌粟之犯罪也（二六〇1）。其要件有二：甲、須有栽種罌粟之行爲。乙、須有供製造鴉片、嗎啡之用之意圖。本罪之未遂犯罰之。

二、販運罌粟種子罪　即意圖供製造鴉片、嗎啡之用，而販賣或運輸罌粟種子之犯罪也（二六〇2）。其要件有二：甲、須有販賣或運輸罌粟種子之行爲。乙、須有供製造鴉片或嗎啡之意圖。本罪之未遂犯罰之。

三、加重栽種罌粟或販運罌粟種子罪　即公務員利用權力强迫他人犯栽種罌粟罪或販運罌粟種子罪也（二六一）。因公務員有虧職守，罪無可逭，故重其刑罰。其要件有三：甲、本罪主體須爲公務員。不以執行禁烟職務之公務員爲限。乙、須利用權力而犯本罪。即憑藉公務員之權勢而犯之。丙、須强迫他人犯栽種粟罌罪或販運罌粟種子罪。强迫即强暴脅迫之意。

四、製造鴉片罪　卽加工製造鴉片之犯罪也（二五六1）。本罪之未遂犯罰之。

五、製造毒品罪　卽加工製造嗎啡、高根、海洛因或其化合質料之犯罪也（二五六2）。

本罪之未遂犯罰之。

第二　販運烟毒罪

一、販運鴉片罪　卽販賣或運輸鴉片之犯罪也（二五七1）。其要件有二：甲、須有販賣或運輸之行爲。運輸卽爲他人自國內輸送於國外，或在國內各地互爲輸送之行爲也。乙、所販賣或輸送者須爲鴉片。本罪之未遂犯罰之。

二、販運毒品罪　卽販賣或運輸嗎啡、高根、海洛因或其化合質料之犯罪也（二五七2）。參照販賣鴉片罪之析義。本罪之未遂犯罰之。

三、輸入烟毒罪　卽自外國輸入鴉片、嗎啡、高根、海洛因或其他化合質料之犯罪也（二五七3）。其要件有二：甲、須有自外國輸入之行爲。卽自領域外進口之行爲也。乙、所輸入者須爲鴉片、嗎啡、高根、海洛因或其化合質料。本罪之未遂犯罰之。

第三　吸食烟毒罪

一、吸用烟毒罪　卽吸食鴉片或施打嗎啡，或使用高根、海洛因或其化合質料之犯罪也（

二六二）。其要件有二：甲、須有吸食、施打或使用之行爲。至犯罪之次數或有癮無癮，均所不問。乙、所吸食者須爲鴉片；所施打者須爲嗎啡；所使用者須爲高根、海洛因或其化合質料。

二、爲人施打嗎啡或以館舍供人吸食鴉片罪　卽意圖營利，爲人施打嗎啡，或以館舍供人吸食鴉片或其化合質料之犯罪也（二五九）。其要件有二：甲、須有爲人施打嗎啡，或以館舍供人吸食鴉片或其化合質料之行爲。卽以房屋處所供人作吸食鴉片或高根、海洛因等化合質料之用，但不以供給吸食之器具爲必要。乙、須有營利之意圖。本罪之未遂犯罰之。

第四　烟毒或烟毒器具罪

一、製造販運烟毒器具罪　卽製造、販賣或運輸專供吸食鴉片烟之器具之犯罪也（二五八）。其要件有二：甲、須有製造、販賣或運輸之行爲。乙、所製造、販賣或運輸者，須爲專供吸食鴉片之器具。本罪之未遂犯罰之。

二、持有烟毒或鴉片器具罪　卽意圖供犯本章各罪之用，而持有鴉片、嗎啡、高根、海洛因或其化合質料，或專供吸食鴉片之器具之犯罪也（二六三）。其要件有二：甲、須持有鴉片、嗎啡、高根、海洛因或其化合質料，或專供吸食鴉片之器具。持有卽占有之意，與所有無關。乙、須有供犯本章各罪之意圖。

第五　公務員包庇烟毒罪

公務員包庇烟毒罪，謂公務員包庇他人犯本章各條之罪也，應依各該條之規定，加重其刑至二分之一（二六四）。包庇即對犯罪者加以相當保護，以排除外來之阻力也。

第六　本章各罪沒收之特例

犯本章各條之罪者，其鴉片、嗎啡、高根、海洛因或其化合質料，或種子，或專供吸食鴉片之器具，不問屬於犯人與否，沒收之（二六五）。

第二十一章　賭博罪

賭博及彩票等行爲，因其在風俗上鼓勵僥倖心，而使健全之經濟思想，趨於痲痺，有妨害國民經濟機能之虞。故本章之罪，所以保護善良風俗及國民之經濟機能也，其態樣如次：

一、普通賭博罪　卽在公共場所或公共得出入之場所，賭博財物之犯罪也。但以供人暫時娛樂之物爲賭者，不在此限（二六六）。其要件有三：須有賭博之行爲。賭博謂以偶然之勝負，爭財物之得喪也。乙、須以財物爲賭博。財物指金錢及具有經濟價値之物而言。其以供人暫時娛樂之物，如賭飲食等，則不得以本罪繩之。丙、須在公共場所或公衆得出入之場所爲之。公共場所乃多數人集合之場所，如街衢、營房、公署等是。公衆得出入之場所，謂不特定多數人得以隨時出入之場所，如山野、防空洞、旅館等是。犯本罪者，當場賭博之器具與在賭檯或兌換籌碼處之財物，不問屬於犯人與否，沒收之。

二、常業賭博罪 卽以賭博爲常業之犯罪也（二六七）。卽加重處罰藉賭爲生之犯罪也。

三、供給賭博場所或聚衆賭博罪 卽意圖營利，供給賭博場所，或聚衆賭博之犯罪也（二六八），其要件有二：甲、須有供給賭博場所或聚衆賭博之行爲。供給賭博場所，謂以房屋或其他場所，供人賭博，不以在公共場所或公衆得出入之場所爲要件。聚衆賭博乃召集多數人使相爲賭博也。乙、須有營利之意圖，卽俗所謂之聚賭抽頭也。

四、辦理有獎儲蓄或發行彩票罪 卽意圖營利，辦理有獎儲蓄；或未經政府允准而發行彩票之犯罪也（二六九1）。其要件有二：甲、須辦理有獎儲蓄或未經政府允許而發行彩票。二者之得利，均以中獎、中彩爲前提，而中獎、中彩，則皆基於不確定之方法決之，與以偶然事實決定勝負者同也。乙、須有營利之意圖。

五、經營有獎儲蓄或媒介買賣彩票罪 卽經營意圖營利所辦之有獎儲蓄，或爲買賣未經政府允准所發行之彩票之媒介之犯罪也（二六九2）。其要件有二：甲、須有經營或爲買賣媒介之行爲。經營如代收款項之類。媒介如代爲兜售之類。乙、所經營者須爲意圖營利所辦之有獎儲蓄；所媒介買賣者，須爲未經政府允准而發行之彩票。

六、公務員包庇賭博罪　即公務員包庇他人犯本章各條之罪也，應依各該條之規定，加重其刑至三分之一（二七〇）。

第二十二章　殺人罪

本章以保護個人之生命法益爲目的，其態樣如次：

一、普通殺人罪　其要件有二：甲、本罪被害者須爲現在生存之自然人。乙、須有殺害之行爲。即不法剝奪他人生命法益之行爲謂之「殺」，其方法無限制。本罪之未遂犯與預備犯均處罰之（二七一）。

二、殺直系血親尊親屬罪　其要件有三：甲、本罪之主體，須爲被害人之直系血親卑親屬。乙、本罪被害者須爲行爲人之直系血親尊親屬。丙、須有殺害之行爲。本罪之未遂犯與預備犯均處罰之（二七二）。

三、義憤殺人罪　即當場激於義憤而殺人之犯罪也（二七三）。其要件有二：甲、須當場激於義憤。當場卽殺意起於被激之當時，並於當時實行之也。激於義憤，謂在客觀上有引起公憤情形之刺激，忍無可忍也。乙、須有殺人之行爲。本罪之未遂犯罰之。

四、產母殺嬰罪 卽母於生產時或甫生產後，殺其子女之犯罪也（二七四）。其要件有三：甲、本罪主體以產母爲限。乙、本罪被害者須爲本罪主體所生之子女。丙、須在生產時或甫生產後殺之。甫生產後，卽甫經出生以後也，如經相當期間而殺之，則非本罪也。本罪之未遂犯罰之。

五、參與他人自殺罪 卽教唆或幫助他人使之自殺，或受其囑託，或得其承諾而殺之之犯罪也（二七五）。本罪又可分爲敎唆自殺罪、幫助自殺罪、受本人囑託之殺人罪，與得本人承諾之殺人罪等四種形態。本罪之未遂犯罰之。謀爲同死而犯本罪者，得免除其刑。

六、過失致人於死罪 卽因過失致人於死之犯罪也（二七六1）。其要件有二：甲、須無殺人之故意。乙、須有致人於死之事實。

七、業務上過失致人於死罪 卽從事業務之人，因業務上之過失致人於死之犯罪也（二七六2）。其要件有三：甲、本罪主體須爲從事一定業務之人。乙、須有業務上之過失行爲。丙、須有致人於死之事實。例如汽車司機因怠於注意，而軋斃行人者是。

第二十三章　傷　害　罪

本章之罪，以保護個人身體與健康之安全爲目的，其態樣如次：

一、輕微傷害罪　即傷害人之身體或健康之犯罪也（二七七）。其要件有三：甲、須傷害他人之身體或健康。身體即自然人有形之組織。健康則指無形之精神狀態。乙、須有傷害之故意。丙、須有傷害之結果。犯本罪因而致人於死或重傷者，加重處罰之。

二、重傷罪　即使人受重傷之犯罪也（二七八）。其要件有三：甲、須有使人受重傷之故意。乙、須有使人受重傷之行為。重傷即刑法第十條四款所規定之傷害。丙、須生重傷之結果。本罪之未遂犯罰之。犯本罪因而致人於死者，加重其刑。

三、義憤傷害罪　即當場激於義憤而犯輕微傷害或重傷罪也（二七九）。參照義憤殺人罪之析義。本罪不處罰未遂犯；但致人於死者，加重其刑。

四、傷害直系血親尊親屬罪　即對於直系血親尊親屬犯輕微傷害罪或重傷罪者，加重其刑至二分之一（二八〇）。參照殺直屬血親尊親屬罪之析義。惟本罪不處罰未遂犯與預備犯。

五、加暴行於直系血親尊親屬罪　即施强暴於直系血親尊親屬未成傷之犯罪也（二八一）。其要件有四：甲、本罪主體須為被害人之直系血親卑親屬。乙、被害人須為行為者之直系血親尊親屬。丙、須有强暴行為。即以腕力加以不法之攻擊也。丁、須尚未成傷。故本罪常得為處罰第二八〇條未遂犯之依據。

六、參與自傷罪　即教唆或幫助他人使之自傷，或受其囑託或得其承諾而傷害之犯罪也（

二八三）。參照參與他人自殺罪之析義。其因而成重傷或致死者，加重其刑。

七、聚衆鬪毆罪　即聚衆鬪毆，致人於死或重傷之犯罪也（二八三）。其要件有三：甲、本罪主體，須爲在場助勢而非出於正當防衞之人。卽參與聚衆鬪毆之人也。乙、須有聚衆鬪毆之事實。聚衆卽集合多數人，並有隨時可以增加之狀況。若事前約定之多數人，尙非聚衆也。丙、須生致人於死或重傷之結果。本罪之下手實施傷害者，仍依傷害各條之規定處斷。下手實施之人，卽共同實施鬪毆之人，有意思之聯絡。

八、過失傷害罪　卽因過失傷害人或致重傷之犯罪也（二八四1）。從事業務之人，因業務上之過失傷害人或致重傷者，加重其刑（二八四2）。參照過失致人於死罪及業務上過失致人於死罪之析義。

九、傳染病毒罪　卽明知自己有花柳病或痲瘋，隱瞞而與他人爲猥褻之行爲或姦淫，致傳染於人之犯罪也（二八五）。其要件有三：甲、本罪主體須爲明知自己有花柳病或痲瘋之人。乙、須故意隱瞞而與他人爲猥褻行爲或姦淫。隱瞞卽不使他人知悉之一切行爲。丙、須因而傳染於人。

十、妨害少年男女自然發育罪　卽對於未滿十六歲之男女施以凌虐，或以他法致妨害其身體之自然發育之犯罪也（二八六1）。其要件有二：甲、本罪被害人須爲未滿十六歲之男女。乙、須施以凌虐，或以他法妨害其身體之自然發育。凌虐指凌辱虐待等不人道之待遇而言。

十一、加重妨害少年男女發育罪　即意圖營利而對於未滿十六歲之男女，施以凌虐，或以他法妨害其身體之自然發育之犯罪也（二八六2）。本罪除須具備妨害少年男女自然發育罪之要件外，更須有營利之意圖。

十二、本章各罪之告訴　即第二七七條第一項之輕微傷害罪、第二八一條之加暴行於直系血親尊親屬罪、第二八四條之過失傷害人或重傷罪及第二八五條之傳染病毒罪，須告訴乃論（參照刑訴法二一一、二一二、二一四、二一五）；但公務員於執行職務時，犯第二七七條第一項之罪者，不在此限（二八七）。

第二十四章　墮胎罪

本章之罪，以保護胎兒之生命為目的，其態樣如次：

一、自行墮胎罪　即懷胎婦女服藥或以他法墮胎之犯罪也（二八八1）。其要件有二：甲、本罪主體須為懷胎之婦女。至其已婚、未婚，在所不問。乙、須服藥或以他法墮胎。墮胎謂以故意違法之行為，殺害母體內之胎兒，或促其早產也。因疾病或其他防止生命上危險之必要而犯本罪者，免除其刑（二八八3）。

二、**聽從墮胎罪**　即懷胎婦女聽從他人墮胎之犯罪也（二八八2）。其要件有二：甲、本罪主體須爲懷胎婦女。乙、須聽從他人墮胎，即同意他人爲之墮胎也。因疾病或其他防止生命上危險之必要而犯本罪者，免除其刑。

三、**參與墮胎罪**　即受懷胎婦女之囑託或得其承諾而使之墮胎之犯罪也（二八九）。其要件有二：須受懷胎婦女之囑託或得其承諾。受懷胎婦女之囑託，乃由懷胎婦女主動而爲墮胎。得懷胎婦女之承諾，則墮胎之意，發動於他人也。乙、須有使懷胎婦女墮胎之行爲。犯本罪因而致婦女於死或重傷者，分別加重其刑。

四、**營利墮胎罪**　即意圖營利，受懷胎婦女之囑託，或得其承諾而使之墮胎之犯罪也（二九〇）。其要件與參與墮胎罪同；惟須另有營利之意圖也。犯本罪因而致婦女於死或重傷者，分別加重其刑。

五、**使人墮胎罪**　即未受懷胎婦女之囑託，或未得其承諾而使之墮胎之犯罪也（二九一）。其要件有二：甲、須未受懷胎婦女之囑託或得其承諾。乙、須使婦女墮胎。即故意使胎兒早產，或殺死胎兒也。本罪之未遂犯罰之。犯本罪因而致婦女於死或重傷者，分別加重其刑。

六、**介紹墮胎罪**　即以文字、圖畫或他法，公然介紹墮胎之方法或物品，或公然介紹自己或他人爲墮胎之行爲之犯罪也（二九二）。其要件有二：甲、須有以文字、圖畫或他法公然介紹之行爲。介紹卽使人知其事實功能也，然不以有明示之意思爲限。乙、所介紹者須爲墮胎之方法或物品，或自己或他人爲墮胎之行爲。本罪以一經公然介紹，卽爲完成，至有無具體結果，與本罪之成立無關。

第二十五章　遺棄罪

本章之罪，以防止對無自救力者之生命、身體有危險之行爲爲目的。其態樣如次：

一、普通遺棄罪　卽遺棄無自救力之人之犯罪也（二九三）。其要件有二：甲、須有遺棄之行爲。遺棄謂對於人之生命予以危險之行爲。本罪須有積極之遺棄行爲，且不以有扶養、保護之義務者爲限。乙、被害人須爲無自救力之人，卽無維護其生存所必要之救護能力者也。犯本罪因而致人於死或重傷者，分別加重其刑。

二、違背義務之遺棄罪　卽對於無自救力之人，依法令或契約應扶助、養育或保護而遺棄之；或不爲其生存所必要之扶助、養育或保護之犯罪也（二九四）。其要件有二：甲、本罪主體須爲對於無自救力之人，依法令或契約有扶助、養育或保護義務之人。基於法令者如家長家屬之間，或救濟院職員對於收容人等是。基於契約者如醫師、看護之於患者，保姆之於嬰兒等是。乙、須有積極的或消極的，不爲生存所必要之扶助、養育或保護之行爲。犯本罪因而致人於死或重傷者，分別加重其刑。

三、遺棄尊親屬罪　即對於無自救力之直系血親尊親屬加以遺棄，或不為其生存所必要之扶助、養育或保護之犯罪也（二九五）。本罪被遺棄者為行為人之直系血親尊親屬，故依第二九四條之刑，加重至二分之一。

第二十六章　妨害自由罪

本章之罪，以保護個人之意思、行動、居住之自由為目的，其態樣如次：

第一　妨害人身自由罪

一、使人為奴隸罪　即使人為奴隸，或使人居於類似奴隸之不自由地位之犯罪也（二九六）。其要件有二：甲、須有使人為奴隸，或使人居於類似奴隸地位之行為。凡使人喪失其意思自由、行動自由，並損害其人格者，不問名義如何，皆為使人為奴隸。類似奴隸之不自由地位，則指雖非為奴隸，而不以人道相待，使之不能自由，有似奴隸者而言。乙、須有使人為奴隸，或使人居於類似奴隸地位之事實。本罪之未遂犯罰之。

二、詐術使人出國罪　即意圖營利，以詐術使人出中華民國領域外之犯罪也（二九七）。

其要件有三：甲、須有營利之意圖。乙、須以詐術爲犯罪之方法。丙、須使被害人自行出中華民國領域之外。本罪之未遂犯罰之。以犯本罪爲常業者，加重其刑。

三、略誘婦女結婚罪　即意圖使婦女與自己或他人結婚而略誘之之犯罪也（二九八1）。其要件有三：甲、本罪被害人須爲已滿二十歲之婦女，已否結婚，在所不問。此爲妨害婦女個人自由之罪，故與第二四一條之妨害家庭罪不同。乙、須有使婦女與自己或他人結婚之意圖。意圖姘度者，不得以本罪繩之。丙、須有略誘之行爲。略誘謂違反被誘人之眞正意思，而將之移置於行爲人實力支配之下也。本罪之未遂犯罰之。本罪須告訴乃論，其告訴以不違反被略誘人之意思爲限（三〇八）。

四、加重略誘罪　即意圖營利，或意圖使婦女爲猥褻之行爲，或姦淫而略誘之之犯罪也（二九八2）。本罪與略誘婦女結婚罪不同者，僅意圖相異而已，餘皆同。本罪須告訴乃論（三〇八1）。

五、移送被略誘人出國罪　即移送略誘婦女結婚罪、及加重略誘罪之被略誘人出中華民國領域外之犯罪也（二九九）。其要件有二：甲、本罪被害人以略誘婦女結婚罪，及加重略誘罪之被略誘人爲限。乙、須有移送出中華民國領域外之行爲。本罪之未遂犯罰之。

六、收受藏匿被略誘人罪　即意圖營利，或意圖使被略誘人爲猥褻之行爲或姦淫，而收受藏匿被略誘人，或使之隱避之犯罪也（三〇〇）。其要件有三：甲、本罪之被害人須爲被略誘之成年婦女。乙、須有收受、藏匿或使之隱避之行爲。丙、須有營利，或使被誘人爲猥褻行爲或姦淫之意圖。本罪之未遂犯罰之。

七、犯略誘婦女罪之減輕事由　即犯第二百九十八條至第三百條之罪，於裁判宣告前送回被略誘人，或指明所在地，因而尋獲者，得減輕其刑（三〇一）。

第二　私禁罪

一、普通私禁罪　即私行拘禁，或以其他非法方法剝奪人之行動自由之犯罪也（三〇二1）。其要件有二：甲、須有剝奪人之行動自由之行爲。即不法拘束他人身體，使其行動不得自主之行爲也。乙、須以私行拘禁或其他非法方法剝奪之。私行拘禁即非法拘束他人之身體自由也。本罪之未遂犯罰之。犯本罪因而致人於死或重傷者，分別加重其刑。

二、特別私禁罪　即對於直系血親尊親屬，私行拘禁，或以其他非法方法剝奪其行動自由，或因而致死或致重傷之犯罪也（三〇三）。其要件有三：甲、本罪主體須爲被害人之直系血親卑親屬。乙、本罪被害人須爲行爲者之直系血親尊親屬。丙、須有非法剝奪行動自由之行爲，或致被害人於死或重傷之事實。本罪之刑比照第三〇二條一項或二項者加重至二分之一。

第三　妨害安全罪

一、强制罪　即以强暴、脅迫使人行無義務之事，或妨害人行使權利之犯罪也（三〇四）。其要件有二：甲、須以强暴或脅迫爲犯本罪之方法。乙、須使人行無義務之事，如强迫借貸等是；或妨害人行使權利，如妨害營業，勒令辭職等是。本罪之未遂犯罰之。

二、恐嚇罪　即以加害生命、身體、自由、名譽、財產之事，恐嚇他人，致生危害於安全之犯罪也（三〇五）。其要件有二：甲，須有以加害生命、身體、自由、名譽、財產之事，恐嚇他人之行爲。恐嚇他人卽以將加害之旨，通知於人，使生畏怖之心也，而其內容則以加害所列擧之法益爲限。乙、須致生危害於安全。卽被害人因其恐嚇、生安全上之危險與實害也。

三、不法侵入罪　卽無故侵入他人住宅、建築物或附連圍繞之土地或船艦之犯罪也（三〇六1）。其要件有二：甲、須有無故侵入之行爲。卽無客觀上正當理由之侵入行爲也。乙、須侵入他人之住宅、建築物或附連圍繞之土地或船艦。建築物謂定着於土地上有圍墻、屋頂，可供休息工作之處所也。附連圍繞之土地，卽與住宅或建築物相連，而四週設有圍障，有居住權人禁止他人隨便進入之空間也。本罪須告訴乃論（三〇八1）。

四、不法留滯罪　卽無故隱匿他人住宅、建築物或附連圍繞之土地或船艦之內；或受退去之要求，而仍留滯之犯罪也（三〇六2）。其要件有二：甲、須有無故隱匿或留滯之行爲。隱匿即使有權人不易發見之行爲，不問進入時是否已得允許也。留滯謂經要求而不即退去之行爲也，此爲純粹不作爲犯。本罪須告訴乃論（三〇八1）。

五、**違法搜索罪**　即不依法令搜索他人身體、住宅、建築物、舟、車或航空機之犯罪也（三〇七）。其要件有二：甲、須不依法令而爲搜索。有關搜索規定之法令如刑事訴訟法、調度司法警察條例、軍事審判法、戒嚴法等。乙、須搜索他人之身體、住宅、建築物、舟、車或航空機。

第二十七章　妨害名譽及信用罪

本章之罪以保護人格價值，及經濟生活中之人格法益爲目的。其態樣如次：

第一　侮辱罪

一、**普通侮辱罪**　即公然侮辱人之犯罪也（三〇九1）。其要件有二：甲、須有侮辱他人之行爲。侮辱謂侮謾辱罵及一切輕蔑人之行爲也。他人指自己以外之特定人或可推知之人而言，且不以個人爲限；並包括法人在內。乙、須公然爲之。

二、強暴侮辱罪　卽以強暴犯公然侮辱他人之罪也（三〇九2）。本罪須以強暴爲手段而犯普通侮辱罪。

三、侮辱死人罪　卽對於已死之人，公然侮辱之犯罪也（三一二1）。其要件有二：甲、須有公然侮辱之行爲。乙、須對於已死之人爲之。此所謂之「人」，專指已死之自然人而言。本罪所侵害者，實爲死者遺族倫理上之憶念也。

第二　誹謗罪

一、普通誹謗罪　卽意圖散布於衆，而指摘或傳述足以毀損他人名譽之事之犯罪也（三一〇1）。其要件有二：甲、須有指摘或傳述足以毀損他人名譽之事實。指摘謂揭示之意。傳述卽宣傳轉述也。毀損他人名譽與否，應依客觀標準決之；至被害人是否受有損害，在所不問。乙、須有散布於衆之意圖。卽具有傳播於不特定多數人之目的也。如議員在議會所爲無關會議事項之不法言論（院解三七三五）等是。

二、加重誹謗罪　卽以散布文字、圖畫爲方法，而犯普通誹謗罪也（三一〇2）。本罪除須具備普通誹謗罪之要件外；尙須以散布文字、圖畫爲誹謗之方法，因其實害較大，故處罰亦重。

三、誹謗死人罪　卽對於已死之人，犯普通誹謗罪或加重誹謗罪也（三一二2）。參照侮辱死人罪之析義。

四、誹謗罪之免責條件　以善意發表言論，而有左列情形之一者，不罰。甲、因自衞、自辯或保護合法之利益者。乙、公務員因職務而報告者。丙、對於可受公評之事，而爲適當之評論者。丁、對於中央及地方之會議，或法院或公衆集會之記事，而爲適當之載述者。上述情形或緣自衞，或基義務，或伸公論，或爲記事，旣出善意，且在適當之情形下爲之，自得阻却責任（三一一）。

第三　損害信用罪

損害信用罪，卽散布流言，或以詐術損害他人之信用之犯罪也（三一三）。其要件有二：甲、須有散布流言或施用詐術之行爲。流言謂毫無事實之傳說也。詐術如謂他人已將倒閉，致被害人不能爲經濟上之周轉等是。乙、須損害他人之信用。信用卽個人在經濟上之能力與地位。他人包含法人在內。

第四　本章各罪之告訴

本章之罪，須告訴乃論（三一四）。

第二十八章　妨害秘密罪

本章之罪，以保護個人私生活及業務上應秘密事項之安全爲目的，與名譽及信用亦有密切關係。其態樣如次：

一、妨害書信秘密罪　卽無故開拆或隱匿他人之封緘信函或其他封緘文書之犯罪也（三一五）。其要件有二：甲、須有無故開拆或隱匿之行爲。乙、所開拆或隱匿者須爲他人之封緘信函或其他文書。封緘卽封閉之意。

二、洩漏特定義務上秘密罪　卽醫師、藥師、藥商、助產士、宗教師、辯護人、公證人、會計師或其業務上佐理人，或曾任此等職務之人，無故洩漏因業務上知悉或持有之他人秘密之犯罪也（三一六）。其要件有三：甲、本罪主體須爲所列擧之特定人。乙、須有無故洩漏之行爲。洩漏謂使不應知悉之人得知者也。然須無故，始成立本罪。丙、須洩漏因業務上知悉或持有之他人秘密。

三、洩漏業務上之工商秘密罪　卽依法令或契約有保守因業務知悉，或持有工商秘密之義務，而無故洩漏之犯罪也（三一七）。其要件有二：甲、本罪主體須爲依法令或契約有保守秘密義務之人。乙、須無故洩漏因職務知悉或持有之工商秘密，如專利製造方法等。

四、洩漏公務上工商秘密罪　即公務員或曾任公務員之人無故洩漏因職務而知悉或持有他人之工商秘密之犯罪也（三一八）。其要件有二：甲、本罪主體須爲公務員或曾任公務員之人。乙、須無故洩漏因職務知悉或持有他人之工商秘密。

五、本章各罪之追訴　本章之罪須告訴乃論（三一九）。

第二十九章　竊盜罪

本章之罪，以保護個人之財產法益爲目的，其態樣如次：

一、竊取動產罪　即意圖爲自己或第三人不法之所有，而竊取他人之動產之犯罪也（三二〇1）。其要件有三：甲、須有竊取之行爲。竊取即以和平秘密之方法，變更動產現狀，而移置於自己支配之下也。乙、須竊取他人之動產。即一部爲他人所有者，亦以他人所有物論。丙、須有爲自己或第三人不法所有之意圖。他人包含法人在內。本罪之未遂犯罰之。

二、竊佔不動產罪　即意圖爲自己或第三人不法之利益，而竊佔他人不動產之犯罪也（三二〇2）。其要件有三：甲、須有爲自己或第三人取得不法利益之意圖。因不動產不能依佔有關係改變其所有也，故所可圖者，僅有行使權利或其他利益。乙、須有竊佔之行爲。竊佔即乘他人不知時，以自己之實力支配他人之不動產也。丙、所竊佔者須爲他人之不動產。本罪之未遂犯罰之。

三、加重竊盜罪　卽犯竊盜罪而有左列情形之一者，加重其刑罰（三二一）：

甲、於夜間侵入住宅或有人居住之建築物、船艦，或隱匿其內而犯之者。此等處所不以現有人居住爲必要。

乙、毀越門扇、墻垣或其他安全設備而犯之者。安全設備指客觀上之防盜設備而言，門扇等爲例示之規定。

丙、携帶兇器而犯之者。兇器謂於人之生命、身體之安全有危險性之器具也。

丁、結夥三人以上而犯之者。

戊、乘火災、水災或其他災害之際而犯之者。

巳、在車站或埠頭而犯之者。

前項之未遂犯罰之。本罪爲竊盜罪之加重條件，苟竊盜行爲止有一個，而加重情形有二種以上時，如結夥三人携帶兇器於夜間越墻侵入住宅竊盜者，仍爲一個加重竊盜罪是也。

四、常業竊盜罪　卽以犯竊盜罪爲常業者，加重其刑也（三二二）。

五、電氣之特例　卽電氣關於本章之罪，以動產論也（三二三）。故竊用電氣者應成立普通竊盜罪。

六、本章各罪之阻却責任事由　卽於直系血親、配偶或同財共居親屬之間，犯本章之罪者，得免除其刑（三二四1）。配偶以正式結婚，共婚姻關係尚在存續中者爲限。同財共居之親屬指共同居住而未析產之血親或姻親而言。

七、本章各罪之追訴　於直系血親、配偶或同財共居親屬間，或其他五親等內血親，或三親等內姻親之間，犯本章之罪者，須告訴乃論。

第三十章　搶奪強盜及海盜罪

本章之罪，亦以保護個人之財產法益爲目的，惟其侵害財產權之方法，與竊盜不同，故另設專章，依其情節，重其刑罰。其態樣如次：

第一　搶　奪　罪

一、普通搶奪罪　卽意圖爲自己或第三人不法之所有，而搶奪他人之動產之犯罪也（三二五）。其要件有二：甲、須有搶奪他人動產之行爲。搶奪卽乘人不及抗拒，而公然掠取其財物也。乙、須有爲自己或第三人不法所有之意圖。本罪之未遂犯罰之。犯本罪因而致人於死或重傷者，分別加重其刑。

二、加重搶奪罪　即犯普通搶奪罪而有第三二一條第一項各款情形之一之犯罪也（三二六）。參照加重竊盜罪之析義。本罪之未遂犯罰之。

三、常業搶奪罪　即以犯搶奪罪爲常業之犯罪，而重其刑罰也（三二七）。

第二　強盜罪

一、普通强盜罪　即意圖爲自己或第三人不法之所有，以强暴、脅迫、藥劑、催眠術或他法，至使不能抗拒而取他人之物，或使其交付之犯罪也（三二八1）。其要件有三：甲、須有爲自己或第三人不法所有之意圖。乙、須以强暴、脅迫、藥劑、催眠術或他法使人達於不能抗拒之程度。强暴卽有形的抑制被害人之反抗。脅迫則係威脅其精神，消滅其反抗情緒。丙、須取他人之物，或使人交付其物。本罪之預備犯及未遂犯均罰之。犯本罪因而致人於死或重傷者，分別加重其刑（三二八345）。

二、强得不法利益罪　即以强暴、脅迫、藥劑、催眠術或他法至使不能抗拒，而得財產上不法利益，或使第三人得之之犯罪也（三二八2）。其要件有三：甲、須爲自己或他人取得財產上不法之利益。例如債務人强行焚燬債權人持有之債券等是。乙、須以强暴、脅迫、藥劑、催眠術或他法，使人達於不能抗拒之程度。丙、須取得他人財產上之不法利益。本罪之預備及未遂犯均罰之。犯本罪因而致人於死或重傷者，分別加重其刑（三二八345）。

三、準強盜罪　卽竊盜或搶奪，因防護贓物、脫免逮捕或湮滅罪證，而當場施以強暴、脅迫者，以強盜論（三二九）。其要件有三：甲、須實施竊盜罪或搶奪罪。其未着手實施者，尚不得爲本罪之前提條件。乙、須當場施以強暴或脅迫。當場不以未離竊盜或搶奪之場所爲限。卽當時爲人發覺追踪，始終未脫離視線者，仍不得謂非現場。丙、須因防護贓物、脫免逮捕或湮滅罪證。本罪視其情節，依強盜罪之既遂、未遂或結果加重犯論科。

四、加重強盜罪　卽犯強盜罪而有第三二一條第一項各款情形之一之犯罪也（三三〇）。參照加重竊盜罪之析義。本罪之未遂犯罰之。

五、常業強盜罪　卽以犯強盜罪爲常業之犯罪，而重其刑罰也（三三一）。

六、強盜結合罪　卽強盜罪與他罪相結合之犯罪也。依本法第三三二條規定，犯強盜罪而有左列行爲之一者，處死刑或無期徒刑：甲、放火者。乙、強姦者。丙、擄人勒贖者。丁、故意殺人者。本罪以犯強盜罪爲前提條件，犯強盜罪則包括第三二八條至第三三一條等之強盜罪在內。未相結合之罪須達既遂程度，始得依本條律之；如爲未遂，則與強盜罪依數罪併罰處斷之，故本罪無處罰未遂犯之規定也。

第三　海盜罪

一、**普通海盜罪**　卽未受交戰國之允准，或不屬於各國之海軍，而駕駛船艦，意圖施强暴、脅迫於他船，或他船之人或物之犯罪也（三三三1）。其要件有三：甲、本罪主體須駕駛船艦。卽能行駛於海洋，並具有相當實力，與海軍之船艦有類似設備之船艦也。乙、駕駛船艦須未受交戰國之允許或不屬於各國之海軍。丙、須有對於他船或他船之人或物施强暴、脅迫之意圖。犯本罪因而致人於死或重傷者，分別重其刑罰。

二、**準海盜罪**　卽船員或乘客意圖掠奪財物，施强暴、脅迫於其他船員或乘客，而駕駛或指揮船艦者，以海盜論（三三三2）。其要件有三：甲、本罪主體須爲本船之船員或乘客。船員卽在船中執役之人員也。乘客卽船員以外之乘船旅客。乙、須施强暴、脅迫於其他船員或乘客，而駕駛或指揮船艦。丙、須有掠奪財物之意圖。犯本罪因而致人於死或重傷者，分別加重其刑。

三、**海盜結合罪**　卽犯海盜罪而有左列行爲之一者，處死刑。甲、放火者。乙、强姦者。丙、擄人勒贖者。丁、故意殺人者。（三三四）參照强盜結合罪之析義。

第三十一章 侵占罪

本章之罪，以維護私人間之信用及保護個人之財產法益爲目的。其態樣如次：

一、普通侵占罪 卽意圖爲自己或第三人不法之所有，而侵占自己持有他人之物之犯罪也（三三五）。其要件有三：甲、本罪主體須爲持有他人之物之人，卽合法爲他人管理事務之人。乙、須有爲自己或第三人不法所有之意圖。丙、須有侵占之行爲。卽無權行爲之人所實施之權利行爲也；或則易持有爲所有之行爲。

二、侵占公務上或公益上持有物罪 卽意圖爲自己或第三人不法之所有，而侵占公務上或因公益所持有之物之犯罪也（三三六1）。此卽舊律之所謂「監守自盜」也，其要件有三：甲、本罪主體須爲公務員或從事公益之人。乙、須有爲自己或第三人不法所有之意圖。丙、須侵占公務上，或因公益所持有之物，例如鄉長假建築校舍爲名，動用庫款，至交卸後亦未歸還；或經辦人侵占賑災之捐款等是。本罪之未遂犯罰之。

三、侵占業務上持有物罪 卽意圖爲自己或第三人不法之所有，而侵占業務上所持有之物之犯罪也（三三六2）。業務指職業上之事務而言，例如運輸公司之運送人侵占運送物者是。本罪之主體須爲從事業務之人，所不待言。本罪之未遂犯罰之。

四、侵占遺失物罪 卽意圖爲自己或第三人不法之所有，而侵占遺失物、漂流物或其他離本人所持有之物之犯罪也（三三七）。其要件有三：甲、須有爲自己或第三人不法所有之意圖。乙、須有侵占行爲。丙、須侵占遺失物、漂流物或其他離本人所持有之物。遺失物卽權利人無拋棄之意思，而喪失持有之物。漂流物卽隨水漂流之遺失物。其他離本人所持有之物指遺失物、漂流物以外離去本人所持有之物，如走失之家畜、遺棄之贓物等是。

五、侵占罪之特例 電氣關於本章之罪，以動產論（三三八），故電氣亦得爲本章各罪之客體。

六、本章各罪之免責與告訴 準用第三二四條之規定（三三八）。

第三十二章 詐欺背信及重利罪

本章之罪，亦以保護個人之財產法益爲目的，因其犯罪之方法不同，故另設專章。其態樣如次：

第一 詐欺罪

一、普通詐欺罪 卽意圖爲自己或第三人不法之所有，以詐術使人將本人或第三人之物交付之犯罪也（三三九1）。其要件有三：甲、須有爲自己或第三人不法所有之意圖。乙、須施用詐術，卽以積極之方法，使人陷於錯誤；或消極利用人之錯誤也。丙、須使人交付其本人或第三人之物。本罪之未遂犯罰之。

二、詐欺得利罪 卽以詐術得財產上不法之利益，或使第三人得之之犯罪也（三三九2）。其要件有二：甲、須施用詐術。乙、須自己或使第三人得財產上之不法利益。例如行使僞造菸類專賣憑證，或假借合作社名義，套購棉布漁利等是。本罪之未遂犯罰之。

三、常業詐欺罪 卽以犯普通詐欺罪或詐欺得利罪爲常業之犯罪，而重其刑罰也（三四〇）。

四、準詐欺罪 卽意圖爲自己或第三人不法之所有，乘未滿二十歲人之知慮淺薄，或乘人之精神耗弱，使之將本人或第三人之物交付之犯罪也（三四一1）。其要件有三：甲、須有爲自己或第三人不法所有之意圖。乙、本罪被害人以未滿二十歲人之知慮淺薄者或精神耗弱人爲限。丙、須使之將本人或他人之物爲交付。本罪之未遂犯罰之。

五、準詐欺得利罪 卽乘未滿二十歲人之知慮淺薄，或乘人之精神耗弱，而取得財產上不法之利益，或使第三人得之之犯罪也（三四一2）。其要件有二：甲、須乘未滿二十歲人之知慮淺薄，或乘人精神耗弱之時爲之。乙、須因而取得財產上不法之利益，或使第三人得之。本罪之未遂犯罰之。

第二　背信罪

背信罪謂爲他人處理事務，意圖爲自己或第三人不法之利益，或損害本人之利益，而爲違背其任務之行爲，致生損害於本人之財產或其他利益之犯罪也（三四二）。其要件有四：甲、本罪主體須爲爲他人處理事務之人。即對他人負有代爲處理事務之責者，至其責任之根據及事務之性質，均所不問。乙、須有爲自己或第三人不法之利益，或損害本人利益之意圖。本人即爲他人處理事務之他人。丙、須有違背其任務之行爲。即對於事務不爲適當之處理之行爲。丁、須致生損害於本人之財產或其他利益。如爲人經商，以少報多等是。本罪之未遂犯罰之。

第三　詐欺背信等罪之準用規定

電氣關於詐欺及背信之罪，以動產論（三四三）。

詐欺罪及背信罪之免責與告訴，準用第三二四條之規定（三四三）。

第四　重利罪

一、重利罪　即乘他人急迫、輕率或無經驗，貸以金錢或其他物品，而取得與原本顯不相當之重利之犯罪也（三四四）。其要件有三：甲、須乘他人急迫、輕率，或無經驗。即利用他人需用孔亟、或不知愼重考慮、或不辨輕重利害等情形也。乙、須貸以金錢或其他物品。包括消費借貸與使用借貸而言。丙、須取得與原本顯不相當之重利。是否顯不相當之重利，應依當地經濟狀況審酌，是否較一般債務利息，顯有特殊之超額，以決定之。至違背民法第二〇五條之約定利息者，債權人對於超過部分之利益，雖無請求權，尙難遽以本罪律之。

二、常業重利罪　即以犯重利罪爲常業也，故加重其刑罰（三四五）。

第三十三章　恐嚇及擄人勒贖罪

本章之罪，以保護個人之安全與財產法益爲目的，其態樣如次：

第一　恐嚇罪

一、恐嚇取財罪　即意圖爲自己或第三人不法之所有，以恐嚇使人將本人或第三人之物交付之犯罪也（三四六1）。其要件有三：甲、須有爲自己或第三人不法所有之意圖。乙、須有恐嚇之行爲。恐嚇即向人以將來之惡害通知爲手段，使其生畏怖之心也。丙、須使人將本人或第三人之物交付。本罪之未遂犯罰之。

二、恐嚇得利罪　即以恐嚇之方法，得財產上之不法利益，或使第三人得之之犯罪也（三四六2）。參照詐欺得利罪之析義。本罪之未遂犯罰之。

第二　擄人勒贖罪

一、普通擄人勒贖罪　即意圖勒贖而擄人之犯罪也（三四七）。其要件有二：甲、須有勒贖之意圖。勒贖即迫令提供財物，以換取被擄人之生命與自由也。乙、須有擄之人行爲。擄人即擄掠人身，移入於行爲人實力支配之下，而使之喪失行動自由也。本罪之預備犯及未遂犯均罰之。犯本罪因而致人於死或重傷者，分別加重其刑。犯本罪未經取贖而釋放被害人者，得減輕其刑。

二、擄人勒贖結合罪　即擄人勒贖而故意殺被害人，或强姦被害人之犯罪也。前者處死刑；後者處死刑或無期徒刑（三四八）。

第三十四章　贓物罪

本章之罪，以保護贓物之易於回復原狀爲目的。其態樣如次：

一、收受贓物罪　即收受贓物之犯罪也（三四九1）。其要件有二：甲、須明知爲贓物。贓物即因犯侵害財產權罪所得之物也。然被害者須有返還請求權，或以他法回復其損害之權利；

否則不能視爲贓物，如賄賂是。乙、須有收受之行爲。即取得持有之行爲也。

二、搬運寄藏故買或牙保贓物罪　即搬運、寄藏、故買贓物，或爲牙保之犯罪也（三四九2）。其要件有二：甲、須明知爲贓物。乙、須有搬運、寄藏、故買或爲牙保之行爲。搬運即運送移置之行爲。寄藏謂受寄窩藏也。故買指明知爲贓物而買受之也。牙保即介紹買賣之行爲也。

三、常業贓物罪　即以犯贓物罪爲常業，而加重其刑也（三五〇）。

四、贓物之補充規定　即因贓物變得之財物，以贓物論也（三四九3）。贓物原則上指因犯侵害財產罪所取得之原物而言；惟爲確保被害人之權利計，故設此補充規定。

五、本章各罪阻却責任之事由　即於直系血親、配偶或同財共居親屬之間，犯本章之罪者，得免除其刑。

第三十五章　毀棄損壞罪

本章之罪，以保護個人財產之安全爲目的。其態樣如次：

一、毀損文書罪　即毀棄、損壞他人文書，或致令不堪用，足以生損害於公衆或他人之犯罪也（三五二）。其要件有三：甲、須有毀棄、損壞或致令不堪用之行爲。毀棄謂全部棄滅之也，如將文件燒燬者是。損壞則使物質有所破壞，至是否減損其效用，在所不問。如將文件撕破，或加汚穢等是。致令不堪用卽使文件喪失其效用也，如將文書之簽署塗去者是。乙、須對於他人之文書爲之。文書指附着於物體上之文字、符號而製作完成者而言。丙、須足以生損害於公衆或他人。

二、毀壞他人建築物罪　卽毀壞他人建築物、礦坑、船艦或致令不堪用之犯罪也（三五三）。其要件有二：甲、須有毀壞或致令不堪用之行爲。毀壞卽減損破壞之意，致令不堪用卽以毀壞以外之方法，使其喪失原有之效用也。乙、須對於他人之建築物、礦坑或船艦爲之。本罪之未遂犯罰之。犯本罪因而致人於死或重傷者，分別加重其刑。

三、毀壞文書建築物以外之物罪　卽毀棄、損壞他人之文書，或毀壞他人建築物、礦坑、船艦以外之他人之物，或致令不堪用，足以生損害於公衆或他人之犯罪也（三五四）。其要件有三：甲、須有毀棄、損壞、毀壞或致令不堪用之行爲。乙、須對於他人之文書、建築物、礦坑、船艦以外之他人之物爲之。如他人之猪、鷄、階石等是。與他人共有之物，亦爲他人之物。丙、須足以生損害於公衆或他人。

四、詐術使人處分財產罪　卽意圖損害他人，以詐術使本人或第三人爲財產上之處分，致生財產上之損害之犯罪也（三五五）。其要件有四：甲、須有損害他人之意圖。乙、須施用詐術。丙、須使本人或第三人爲財產上之處分。爲財產上之處分，指毀棄、損壞以外對於財產權爲讓與或設定負擔等情形而言。丁、須致他人生財產上之損害。

五、損害債權罪　即債務人於將受强制執行之際，意圖損害債權人之債權，而毀壞、處分或隱匿其財產之犯罪也（三五六）。其要件有四：甲、本罪主體須爲債務人，即在執行名義上負有債務之人。乙、須有損害債權人債權之意圖。丙、須有毀壞、處分或隱匿自己財產之行爲。丁、須於將受强制執行之際爲之。凡已有執行名義，得以公力執行，而在强制執行終結前之查封拍賣，均爲受强制執行之際，而不以確定裁判爲限。

六、本章各罪之追訴　本章各罪，除毀壞他人建築物罪之外，皆須告訴乃論（三五七）。

人文科學概要叢書（二）

書名	著作人	現職
經濟學概要	趙鳳培	政治大學教授
經濟思想史概要	羅長闓譯	中興大學教授
國際貿易概要	何顯重	中國國際商業銀行總經理
財政學概要	張則堯	考試院考試委員 政治大學教授
財稅概要	普春化	財政部國稅局法務室主任 中原大學教授
金融市場概要	何顯重	中國國際商業銀行總經理
貨幣學概要	楊承厚	臺灣大學教授 政治大學教授
貨幣銀行學概要	劉盛男	臺北商專教授 東吳大學教授
銀行學概要	林葭蕃	臺灣大學教授
保險學概要	袁宗蔚	政治大學教授
會計學概要	李兆萱	臺灣大學教授 政治大學教授
成本會計概要	童綷	前臺灣大學教授
市場學概要	蘇在山	臺灣大學教授
運輸學概要	程振粵	臺灣大學教授
陸空運輸法概要	劉承漢	交通大學教授
企業管理概要	張振宇	淡江大學教授
社會學概要	張曉春等	臺灣大學教授

大專學校教材，各種考試用書。